KB154685

세상에 대하여
우리가
더 잘 알아야 할
교양

49

지은이 소개

지은이 **위문숙**

건국대학교 사학과를 졸업하고 같은 학교 대학원에서 서양사를 공부했습니다. 지구촌 곳곳의 좋은 책을 기획하고 번역하며 세상에 대한 관심을 키워나갔습니다. 내 아이들이 살아가는 곳을 객관적으로 알리고 싶어서 글쓰기를 시작했습니다. 《지구》《망고 한 조각》《빌랄의 거짓말》《파라노이드 파크》《이상한 조류학자의 어쿠스틱 여행기》《랭고》《상식이 두루두루》 등을 우리말로 옮겼습니다.

세 상에 대하여 우리가 더 잘 알아야 할 교양

위문숙 지음

49

아프리카 원조

어떻게 해야 지속가능해질까?

내인생의책

차례

※ 본문의 **굵은 글씨**로 표시된 단어는 115페이지 용어 설명에서 찾아보세요.

들어가며 : 아프리카 원조는 무엇이 문제일까?

1984년 영국 BBC 방송국에서 에티오피아 북부를 취재했습니다. 취재 기자는 자신의 눈을 믿을 수 없었습니다. 곳곳에 시체들이 쌓여 있었기 때문이지요. 취재 기자는 '지구 상에서 지옥과 가장 비슷한 곳'이라 표현하며 말을 잇지 못했습니다. 당시 에티오피아는 가뭄이 들어 농사를 짓지 못했어요. 그 바람에 식량이 부족해져서 무려 100만 명가량이 목숨을 잃었습니다. 유엔은 1,400만 명에 대한 긴급 식량이 필요하다고 호소했지요.

영국의 록 가수 밥 겔도프가 에티오피아를 돕겠다고 나선 것이 바로 이때였어요. '그들은 크리스마스가 온 줄 알까?(Do They Know It's Christmas?)'라는 곡을 만들고 자선 모금 행사인 '라이브 에이드(Live Aid)' 공연을 열었답니다.

영국 BBC방송국은 정규방송 대신 라이브 에이드 공연을 열여섯 시간 생방송했습니다. 배가 툭 튀어나오고 해골같이 마른 아이들이 종종 화면을 메웠어요. 이 공연으로 모인 기금이 1억 5,000만 파운드였다는군요. 우리나라 돈으로 환산하면 2,200억 원에 이릅니다. 밥 겔도프는 기금의 대부분을 에티오피아에서 활동하는 구호단체에 건넸어요. 행사를 성공적으로 마친 밥 겔도프를 영국 왕실은 기사로 임명했지요.

그 뒤로도 선진국과 유엔의 아프리카 원조는 계속되었어요. 록그룹 U2의 보노처럼 유명한 가수들이 아프리카를 위한 모금 공연을 이어나갔습니다. 그러나 아프리카의 상황은 별로 달라지지 않았어요. 굶주림과 질병으로 인한 고통은 반복되었지요.

밥 겔도프가 라이브 에이드 행사를 한 지 20년이 흘러 2005년이 되었습니다. 밥 겔도프는 다시 '라이브 에이트(Live 8)' 공연을 준비했습니다. 아프리카의 기아 문제를 사람들에게 널리 알리려는 목적이었지요.

그런데 '라이브 에이트' 공연이 끝나자 부정적인 의견들이 쏟아졌어요. 백인들끼리 대규모 콘서트를 열어 흥청망청 놀았을 뿐 아프리카에 큰 도움이

▌ 영국 런던의 하이드파크에서 열린 라이브 에이트 공연에서는 공연 자체의 좋은 의도와는 달리 사람들의 타박하는 의견이 쏟아졌다.

되지 않았다고 말이지요. 게다가 미국의 구호 전문가인 데이비드 리프가 밥 겔도프를 직접 비난하고 나섰습니다. 리프는 1985년 밥 겔도프가 모은 돈이 에티오피아 군사 정권에 들어갔다고 주장했습니다. 밥 겔도프의 모금 활동이 오히려 독재를 연장시켰다는 뜻이지요.

《뉴욕타임스》역시 '미국은 아프리카가 굶주림을 스스로 해결하도록 물고기를 잡는 법을 가르치는 대신 여전히 물고기만 던져주고 있다'고 비판했어요. 그리고 케냐에 대한 미국의 원조가 어떻게 이뤄졌는지 분석했지요. 《뉴욕타임스》에 따르면 미국이 케냐에 지원한 농업개발금은 식량지원금에 비하면 형편없이 적었답니다. 미국은 식량만 지원했을 뿐 농작물의 생산에는 전혀 관심을 갖지 않았다는 뜻이지요.

유엔식량농업기구의 관계자도 《뉴욕타임스》의 의견에 동의했습니다.

▌ 에티오피아의 독재자 멩기스투는 1991년까지 14년간 독재정치를 펼치며 무려 2백만 명 이상의 자국민을 학살했다.

"원조에 대해 다시 생각해 봐야 합니다. 식량 지원으로 해결될 문제가 아닙니다. 기아나 기근이 계속 이어지고 있습니다. 새로운 방법이 필요합니다."

지구촌 어디에선가 굶주리는 사람들이 있습니다. 그들을 위해 뭔가를 하는 것이 가만히 있는 것보다 훨씬 낫겠지요. 그러나 좋은 의도만큼 좋은 결과를 낳지 못한다면 그 이유를 자세히 들여다 볼 필요가 있습니다. 그들에게 필요한 원조가 무엇인지 고민해 봐야 합니다.

에티오피아의 농민들은 이렇게 부탁합니다.

"우리는 식량 원조가 필요 없습니다. 트랙터와 씨앗과 농기계가 필요합니다."

지난 60년간 아프리카는 1조 달러가 넘는 원조를 받았습니다. 지금도 아프리카는 가장 많은 원조를 받고 있는 곳이지요. 그런데도 사하라 이남 아프리카는 여전히 가난합니다. 원조의 규모가 커질수록 아프리카의 경제는 후퇴했어요. 가난하고 병든 사람은 계속 늘어났지요. 과연 무엇이 문제일까요? 아프리카 원조는 이대로 계속되어도 괜찮을까요?

아프리카 빈곤의 원인

아프리카가 기난한 이유는 무엇일까요? 누군가는 극심한 가뭄을 원인으로 꼽습니다. 또는 불안정한 정치를 탓하는 학자도 있습니다. 어떤 연구가는 아프리카인이 무능하고 게을러서 가난해졌다는 황당한 논리를 내세워 심한 비난을 받기도 했습니다. 그렇지만 가장 주목할 부분은 아프리카의 슬픈 역사입니다. 거기에서부터 아프리카의 비극은 시작되었으니까요.

아프리카가 가난한 이유는 무엇일까요? 누군가는 극심한 가뭄을 원인으로 꼽습니다. 또는 불안정한 정치를 탓하는 학자도 있습니다. 어떤 연구가는 아프리카인이 무능하고 게을러서 가난해졌다는 황당한 논리를 내세워 심한 비난을 받기도 했습니다. 그렇지만 가장 주목할 부분은 아프리카의 슬픈 역사입니다. 거기에서부터 아프리카의 비극은 시작되었으니까요.

아프리카의 슬픈 역사는 1500년대로 거슬러 올라갑니다. 유럽인들이 아프리카 서해안에 나타나서 아프리카인들을 인정사정없이 잡아들였습니다. 그리고 돈을 받고 노예로 팔아넘겼어요. 당시는 유럽이 아메리카 대륙에 식민

전문가 의견

1800년대 말에 인간의 파괴심이 모두 동원된 듯 아프리카는 철저하고 완벽하게 망가져버렸다.

– W.E.B. 뒤부아 아프리카계 미국인 작가.

▌노예선에 실려 끌려가는 흑인 노예들을 묘사한 조각상. 미국 인권 박물관에 전시되어 있다.

지를 넓히던 때라 노예무역이 활발해졌지요. 400년 동안 2,000만 명의 아프리카인들이 고향을 떠나 노예가 되었습니다.

1900년대에 들어서야 노예제도는 사라졌습니다. 그렇지만 아프리카의 고통은 끝나지 않았어요. **유럽 열강**의 침략이 시작되었거든요. 아프리카는 순식간에 식민지가 되고 말았어요. 곧 이어 자원과 노동력을 철저히 착취당했지요.

제2차 세계대전이 끝나고 유럽의 식민주의는 전 세계로부터 비난을 받았어요. 그리고 식민 지배를 받던 아프리카인들은 곳곳에서 민족해방운동을 추진했지요. 그 결과 1957년 가나의 독립을 시작으로 아프리카 대륙은 유럽의 직접적인 지배에서 벗어났답니다.

유럽이 물러난 뒤 아프리카의 미래는 밝았어요. 천연자원이 풍부한데다 땅은 비옥했으니까요. 그러나 아프리카는 발전하지 못했어요. 아프리카에서 최초의 독립국가가 나오고 60여 년이 흐른 지금까지도 말이지요. 유럽의 식민 지배는 아프리카에 어떤 악영향을 끼쳤을까요? 유럽의 식민 지배와 아프리카의 빈곤은 무슨 관계가 있을까요?

베를린회의

1800년대에 포르투갈과 스페인, 영국, 프랑스 등 유럽이 아프리카 대륙을 호시탐탐 노렸습니다. 자원을 빼앗고 주민들을 부려먹을 생각이었지요. 몇 년 지나지 않아 아프리카 대륙은 유럽의 손아귀에 들어갔습니다. 유럽 열강은 유리한 지역을 차지하려고 걸핏하면 서로 군사 충돌을 일으켰습니다. 그곳의 주인인 아프리카인들을 무시한 채 각자 자기 땅이라고 우겼지요.

결국 1884년에 유럽의 열두 나라와 미국, 오스만제국까지 모두 열네 나라가 베를린에 모였습니다. 그리고 아프리카를 어떻게 나눌지 의논했습니다. 유럽 신문에는 이날의 모임인 베를린회의를 '인간 정신의 승리'라고 평가했습니다. 서로 총칼을 겨누지 않고 대화를 통해 아프리카 영토를 나누는 모습을 높이 샀다는군요. 아프리카에 발도 디디지 않은 각국의 대표들이 베를린회의에서 지도를 펼쳐놓고 국경선을 나누었어요. 그 결과 하나의 종족이 두 나라로 분리되거나, 서로 원수로 여기던 종족들이 하나의 국가로 묶였지요.

식민 지배

식민주의자들은 아프리카인을 철저히 무시했습니다. 아프리카인은 뒤떨어져서 나라를 다스릴 능력이 없으므로 뛰어난 백인의 통치를 받아야 한다

▌ 수출을 위해 대기하고 있는 자동차들. 자동차에 쓰는 타이어가 백여 년 전 아프리카 콩고에서 1,200만 명의 죽음과 망명을 불러왔다는 사실을 알고 있는 사람이 과연 몇이나 될까?

고 주장했지요. 그러나 소수의 백인들이 넓은 아프리카를 지배하기는 힘들었기 때문에 현지인들로 군인과 경찰을 조직했습니다. 그러고는 저항하는 아프리카인들을 무자비하게 진압했지요. 군인과 경찰 조직에 가담한 현지인들은 동족을 탄압하며 권력의 맛을 알았어요. 독립 후에는 독재 권력자의 하수인이 되어 막강한 권력을 누렸답니다.

가장 악명 높은 지배자는 벨기에 국왕 레오폴드 2세였어요. 아주 악랄한 방법으로 콩고를 약탈했지요. 레오폴드가 특히 눈독을 들인 부분은 고무였어요. 자동차 타이어가 개발되면서 고무 수요가 폭발적으로 늘어났거든요. 레오폴드는 콩고 주민들에게 고무를 얼마나 모아야 할지 할당량을 정해 주었어요. 할당량을 채우지 못하면 손과 발을 자르거나 처형을 했습니다. 여자와 아이에게도 똑같은 짓을 저질렀지요. 레오폴드가 고무 채취를 시작하기 전 콩고 인구는 2,000만 명가량이었는데 20년 뒤에는 약 800만 명으로 급감했어요. 수많은 사람들이 목숨을 잃거나 사라졌지요. 이처럼 자원 약탈과 노동력 착취가 아프리카 곳곳에서 자행되었어요.

민족해방운동

제2차 세계대전이 끝나자 식민주의를 반대하는 여론이 높아졌습니다. 아프리카 각지의 민족해방운동도 시작되었지요. 곳곳에서 독립투쟁을 일으켰으며 많은 피가 흘렀어요. 결국 1960년 즈음 아프리카에서 30개의 독립국가가 탄생했습니다. 수많은 아프리카인들이 독립을 기뻐하며 길거리로 뛰어나왔어요. 그러나 기쁨의 순간은 오래가지 못했지요. 유럽 열강이 직선으로 그어 놓은 국경선 때문이었지요. 식민지 시절, 대부분의 아프리카인들은 종족과 종교가 달랐기 때문에 하나의 국가 안에서도 섞이지 못했어요. 그런 상태에서 독립을 하자 불만이 터져 나왔습니다.

신생독립국가의 문제

신생독립국가 앞에는 풀어야 할 숙제가 쌓여 있었지요. 지배국은 아프리카에서 물러나기 전에 편의시설과 기계류를 파괴했어요. 들고 갈 수 있는 물건은 빠짐없이 챙겨 가져갔지요. 예를 들어 포르투갈 사람들은 식민지였던

사례탐구 가장 많은 국가와 종족들이 모여 있는 대륙

현재 아프리카 대륙에는 2011년 7월에 탄생한 남수단까지 총 54개 국가가 있다. 국제연합에 따르면 전 세계의 독립 국가는 194개이다. 따라서 아프리카가 가장 많은 국가들이 모여 있는 대륙이다. 또한 수많은 종족이 다양한 문화와 언어를 제각기 가진 채 살아가는 곳이기도 하다.

아프리카

| 튀니지 |
| 모로코 |
| 알제리 | 리비아 | 이집트 |
| 서사하라 |
| 모리타니 |
말리	니제르	차드	수단	에리트레아
카보베르데						지부티
감비아	세네갈				남수단	에티오피아
기니비사우	기니	부르키나파소	나이지리아	중앙아프리카공화국		소말리아
시에라리온	코트디부아르	가나	카메룬		부룬디	케냐
라이베리아		베냉	가봉	콩고	콩고민주공화국	르완다
적도기니						탄자니아	세이셸
토고						말라위	코모로
앙골라				잠비아	모잠비크	마다가스카르	모리셔스
나미비아				보츠와나		스와질란드
				남아프리카공화국	레소토

▌ 오늘날에도 아프리카의 국경선은 지형을 따라서가 아닌 일직선으로 그어져 있는 경우가 많
다. 강대국들이 실제 아프리카에 가보지 않은 채 제멋대로 땅을 나누어가졌기 때문이다.

모잠비크를 떠나면서 신축 건물에 시멘트를 붓고 자동차를 강물에 빠트렸
어요. 모잠비크 국립은행의 열쇠도 가져갔고요. 휘발유와 전구와 농기구마
저 몽땅 챙겨갔답니다. 모잠비크는 생필품이 부족해져서 나라 전체가 혼란
에 빠져야 했지요.

그런데 신생독립국가에게 가장 힘든 문제는 따로 있었어요. 같은 국가의

국민인데도 서로 역사가 다르고 언어가 통하지 않았답니다. 관습과 종교의 차이로 내부 갈등이 끊이지 않았어요. 하나의 국가가 종족에 따라 분열되었거나 하나의 종족이 두 개의 국가로 나누어졌으니 사회는 불안할 수밖에 없었어요. 국경선을 다시 긋는다면 해결되지 않았을까요? 물론 그렇게 주장하는 종족들이나 국가들이 있었어요. 그렇지만 평화적인 타협이 불가능했어요. 오히려 총과 칼을 앞세워 문제를 해결하려 들었어요. 분쟁의 시작이었어요.

영토분쟁

소말리아와 에티오피아는 오가덴 지역을 놓고 분쟁을 일으켰어요. 오가덴은 소말리족이 많이 거주하는 지역인데 식민지 시절에 에티오피아 영토가 되었습니다. 소말리아는 독립하자마자 오가덴에 대한 **영유권**을 주장했어요. 오가덴에 살던 소말리족 역시 에티오피아로부터 해방을 원했습니다. 에티오피아는 소말리아의 요구를 받아들이지 않았어요. 그러자 소말리아가 에티오피아를 침공했어요. 그렇게 전쟁이 시작되어 1년 동안 치열하게 싸웠지요. 그 결과 150여만 명의 난민이 발생했답니다. 소말리아군이 오가덴 지역에서 물러나며 잠시 진정되었으나 그 뒤로도 두 나라의 영토분쟁은 계속되었어요.

종족분쟁

르완다는 벨기에의 식민지였습니다. 소수파인 투치족과 다수파인 후투족이 살고 있었어요. 벨기에는 소수파인 투치족을 이용하여 르완다를 다스렸습니다. 식민지를 손쉽게 다스리기 위해 종족 분열 정책을 썼던 것이지요. 차별대우를 받던 후투족의 불만은 점차 커졌습니다. 그러다 르완다가 독립을

▌앙골라의 마을 뒤에는 이런 지뢰밭이 많다. 30달러짜리 지뢰 하나를 제거하는 데 1,500달러가 든다. 앞으로 50년 뒤에도 지뢰를 완전히 제거하기 어렵다고 한다.

이루게 되어 다수파인 후투족이 정권을 잡았어요. 후투족은 기회만 생기면 투치족을 살해했습니다. 얼마 뒤 정권을 빼앗은 투치족이 보복에 나섰어요. 이렇게 후투족과 투치족은 번갈아가며 인종 학살을 저질렀습니다. 두 종족의 반복되는 보복으로 100만여 명이 목숨을 잃었고 300만여 명의 난민이 발생했습니다.

1967년, 나이지리아가 독립을 이루고 7년이 지났어요. 나이지리아의 남동부 3개주가 비아프라공화국이라는 이름으로 분리 독립을 선언했어요. 나이지리아 정부는 3개 주를 진압하려고 군대를 파병했지요. 전쟁의 시작이었습니다. 3년 동안 이어진 내전은 처참한 결과를 가져왔지요. 양측 군인의 수가 모두 30만 명이었는데 전사자는 10만 명에 이르렀어요. 군인 세 명 중 한 명이 죽은 셈입니다. 민간인 피해는 더 심각했어요. 450만 명이 집을 잃었고 200만 명이 굶어 죽었습니다.

앙골라에서는 세 개의 종족이 정권을 차지하려고 전투를 벌였습니다. 정부군인 움분두족은 석유를 팔아 군대를 무장시켰고 반군인 바콩드족과 오빔

분두족은 다이아몬드를 팔아 군자금을 마련했어요. 그런데 소련이 정부군을 지원하고 미국이 반군을 지원하면서 전쟁은 소련과 미국의 대리전이 되고 말았지요. 전쟁은 더욱 치열해졌고, 무려 30년 동안 이어졌습니다. 사망자는 50만 명에 이르렀고 이리저리 떠도는 난민은 200만 명이나 되었습니다. 또한 반군이 묻어 놓은 수천만 개의 지뢰 때문에 앙골라의 고통은 더 깊어졌습니다.

유럽의 여러 나라가 아프리카를 식민지로 삼지 않았더라면 르완다나 나이지리아나 앙골라의 끔찍한 비극은 일어나지 않았겠지요.

타락한 정권

아프리카는 독립을 이루었지만 민주주의와 거리가 멀었어요. 새로 바뀐 정부는 식민지 지배층과 똑같이 굴었어요. 식민 지배가 남긴 또 다른 폐단이었지요. 특히 무력으로 정권을 잡은 권력자는 반대파를 숙청하고 국민을 억압했어요. 죽을 때까지 정권을 놓고 싶지 않기 때문이에요. 독재 권력자는 군인과 경찰에게 돈과 지위를 나눠주었어요. 식민 지배 시절에 동족을 탄압했던 군인과 경찰은 흔쾌히 독재 권력자의 편에 섰지요.

이런 상황에서는 누구도 국민의 생계에 관심을 쏟지 않았어요. 그저 자신만 풍족하게 살면 그만이었지요. 부유해진 권력자들은 자신을 기념하는 건물이나 정부 청사를 웅장하게 지었어요. 국제 항공기가 경유하지 않는데도 국제공항을 건설하는 경우도 있었답니다.

나이지리아에서는 관리들이 석유를 팔아 수십억 달러를 챙겼어요. 팔아 챙긴 돈은 외국의 비밀 계좌로 빼돌렸지요. 어떤 관리들은 가방이나 종이봉투에 돈을 담아서 태연히 외국으로 들고 나가기도 했어요. 독립 후 40년간 이어진 부패와 착취 때문에 나이지리아의 경제는 끝없이 추락했습니다. 2000년에는 1인당 국민 소득이 겨우 310달러였으며 인구의 절반이 하루 30센트로 살아야 했지요.

1957년에 독립한 가나는 소득이 꽤 높은 국가였어요. 그런데 관리들이 50개의 국영회사를 엉망으로 운영했지요. 해외에서 빌려 온 부채가 1년 만에 두 배로 늘어났고요, 몇 년 지나지 않아 가나는 빈곤국이 되었어요. 1970년대 가나의 국민소득은 해마다 3퍼센트씩 떨어졌답니다.

정권을 쥔 권력자들은 돈을 마음껏 뿌리며 황제처럼 굴었어요. 주변의 추종 세력에게 선심을 쓰기도 했지요. 1964년 세네갈의 예산 중 절반이 관리들의 봉급으로 나갔어요. 중앙아프리카공화국과 코트디부아르에서는 예산의 58퍼센트를 지출했지요. 이처럼 대부분의 신생독립국가 정부는 자원을 착복

사례탐구 **루오족의 대표 오딩가**

독립 초기에 아프리카 지도자들은 국민 전체의 지지를 원했시만 상황은 전혀 달랐다. 지도자들을 지지하는 쪽은 같은 종족뿐이었다. 예를 들어 케냐의 오딩가가 급진적인 사회주의 정당을 만들었을 때 오딩가를 지지한 사람들은 사회주의자들이 아니라 같은 종족인 루오족이었다. 마찬가지로 오바페미가 나이지리아에서 사회주의를 내세웠을 때 그는 노동자들의 지도자가 아니라 같은 종족인 요루바족의 대표에 불과했다. 유권자는 정당이나 인물보다 종족을 보고 투표했다. 결국 종족은 아프리카 정치에서 가장 중요한 요소로 등장했다.

하고 국민을 착취했어요. 식민지 정부의 독재정치를 고스란히 물려받은 셈이지요. 식민지 지배는 끝났어도 아프리카에서 후유증은 계속되었습니다.

플랜테이션

유럽이 침입하기 전에 아프리카 대륙은 식량이 부족한 곳이 아니었어요. 그런데 식민 지배를 받자 상황이 바뀌었어요. 프랑스나 영국 등 지배국가가 아프리카에 **플랜테이션**을 도입했거든요. 그 결과 가나에서는 영국의 초콜릿 공장을 위해 카카오를 재배했고 차드는 프랑스의 직물공장에 필요한 목화를 길러야 했습니다. 부룬디와 르완다에서는 차 농사를 지어야 했지요.

독립을 이룬 뒤에도 플랜테이션 농업은 유지되었어요. 아프리카 각국의 정부가 달러를 벌어들이려고 목화나 카카오 등 수출용 작물 재배를 계속 추진했거든요. 세네갈은 땅콩 농사를 많이 지었습니다. 땅콩을 수출하여 벌어들인 돈으로 주식인 쌀을 수입했지요. 땅과 노동력이 충분하므로 얼마든지 자급자족할 수 있는데도 쌀을 수입하는 황당한 상황이 벌어졌어요. 쌀의 수입 가격이 오르기라도 하면 국민들의 식량 구입비가 늘어났지요. 결국 수많은 아프리카 농민들은 자신과 상관없는 작물을 짓느라 식량을 걱정하게 되었어요.

불리한 무역 구조

1960년대에 아프리카는 지하자원이나 농산물 등 1차 산업 생산품을 주로 수출하고 공산품을 수입했어요. 그런데 세계 시장에서 공산품 가격이 계속 치솟았어요. 농산물이나 광물은 공산품처럼 가격의 오름폭이 크지 않았고요. 따라서 1차 산업 생산품을 주로 수출하던 아프리카는 손해가 컸습니다.

콩고민주공화국을 예로 들자면 주요 수출품인 구리의 값은 뚝 떨어졌지만 수입해야 하는 공산품의 가격이 올랐어요. 결국 수출하여 벌어들인 돈보다 수입하느라 쓰는 돈이 많아졌지요. 콩고민주공화국 정부는 필요한 물품을 수입하기 위해 외국에서 돈을 빌릴 수밖에 없었어요. 비록 이자가 높더라도 말이지요.

아프리카 곳곳에서 이런 현상이 벌어졌어요. 1차 산업 생산물을 수출하고 공산품을 수입해야 하는 아프리카의 무역구조는 무척 불리했어요. 이런 무역구조로는 경제성장을 이룰 수 없었어요. 빈곤을 악화시킬 뿐이었죠. 부자나라와 아프리카의 경제 격차는 자꾸 벌어졌답니다.

▮ 르완다의 플랜테이션 농장에서 일꾼들이 찻잎을 따서 모으고 있다.

부실한 교육

아프리카의 국가들은 독립을 했지만 발전을 이룰 만한 **인적자원**이 부족했어요. 식민주의자들은 자원을 빼앗거나 노동력을 착취하는 것이 목적이었으므로 아프리카 발전을 위한 교육은 신경 쓰지 않았거든요. 식민지 시절에는 극소수의 선택받은 아이들만 겨우 학교에 갈 수 있었어요. 1938년에 아프리카 인구 1억 6,500만 명 중에서 1만 1,000명 정도만 중등교육을 받았답니다.

사례탐구 커피 원두의 가격

에티오피아는 아라비카 커피의 원산지이며 아프리카 최대의 커피 생산국이다. 에티오피아의 수출품 중 커피가 차지하는 비중은 절반이 넘는다. 그러나 에티오피아 농민들은 커피 50잔을 만들 수 있는 원두 1파운드를 팔아서 평균 600원을 받을 뿐이다.

에티오피아의 원두는 대개 스타벅스로 팔려나간다. 민간구호단체인 옥스팜이 커피 한 잔의 가격을 따져보니 가공업자와 판매업자의 이익이 94퍼센트에 이르렀다. 커피 무역과 판매로 돈을 가장 많이 벌어들이는 쪽은 생산자가 아니라 스타벅스 등 **다국적기업**이다.

▌ 커피의 가격은 나라마다 천차만별이지만 에티오피아의 농민들에게 돌아가는 몫은 커피 한 잔당 12원뿐이다.

자이르에는 독립 당시 아프리카인 의사나 변호사, 엔지니어가 단 한 명도 없었어요. 고등교육을 받은 국민이 거의 드물었으니까요. 모잠비크 역시 독립했을 때 정부의 관리 중에서 대학을 졸업한 사람은 손가락으로 꼽을 정도였어요. 글을 깨우친 사람은 백 명 중 세 명뿐이었지요.

국민의 교육 수준이 낮은 상태에서 경제나 정치의 발전을 기대하기는 어렵습니다. 풍부한 천연자원이 있더라도 현명하게 사용할 인적자원이 없다면 어떻게 발전을 이루겠어요? 아프리카의 신생독립국가들은 인적자원이 부족했으므로 성장이 더딜 수밖에 없었지요.

간추려 보기

- 아프리카의 빈곤과 갈등은 유럽 열강의 식민 지배가 주요 원인이 되었다.
- 베를린회의에서 유럽 열강이 마음대로 정한 국경선은 아프리카를 영토분쟁과 종족분쟁에 빠트렸다.
- 아프리카의 권력자는 식민지의 지배층과 마찬가지로 국민들을 탄압했으며 나라의 자원을 자신의 소유처럼 여겼다.
- 유럽 열강의 뜻대로 세워진 플랜테이션 농장은 아프리카의 자급자족을 방해하는 측면이 있었다.
- 세계시장의 불리한 구조 때문에 아프리카는 더 가난의 굴레에서 벗어나기 어렵다.
- 부족한 인적자원 때문에 아프리카는 성장이 더딜 수밖에 없었다.

아프리카 원조의 역사

아프리카 원조는 그리 순수하지 못한 동기로 시작되었습니다. 냉전시대에 접어든 미국과 소련은 서로 힘겨루기를 하느라 더 많은 동맹국가가 필요했어요. 그래서 원조를 앞세워 아프리카에 영향력을 발휘했습니다. 미국과 소련의 입장에서는 지원받는 정부가 독재를 일삼든 부정부패를 저지르든 상관없었습니다. 내 편이냐 아니냐가 더 중요했거든요.

미국의

유럽 원조 정책인 마셜플랜이 성공하자 부자 나라들은 아프리카로 눈길을 돌렸습니다. 아프리카는 원조를 하기에 적합했어요. 주민들은 제대로 교육을 받지 못했으며 임금은 낮았고 세계 시장으로 수출할 상품도 변변치 않았거든요. 부자 나라들은 아프리카를 주요한 원조 대상으로 여겼습니다. 제2차 세계대전이 끝난 뒤 유럽은 전쟁으로 나라마다 쑥대밭이었어요. 그 바람에 세계경제도 뒷걸음질 쳤지요. 미국은 마셜플랜에 따라 서유럽에 자금을 지원했어요. 미국의 원조금이 5년 동안 서유럽으로 흘러 들어갔답니다. 프랑스와 영국과 독일 등 서유럽의 경제는 점차 회복되었고 세계경제는 안정을 되찾았어요. 그때 아프리

전문가 의견

돈 있고 힘 있는 자들은 가난하고 힘없는 사람들을 도와줄 도덕적 의무가 있다. 이것이 바로 공동체 의식이다.

– 로버트 맥나마라 미국의 기업인이자 세계은행의 전 총재

▌ 프랑스 북서부의 도시 생 로는 제2차 세계대전으로 도시의 95%가 파괴되었다.

집중탐구 마셜플랜

1947년 미국 국무장관 조지 마셜은 미국이 황폐화된 유럽에 구제자금을 제공하자는 의견을 내놓았다. 당시 유럽은 제2차 세계대전으로 침체기에 빠져 있었다. 마셜은 유럽이 경제부흥계획을 이루도록 도와야 세계경제가 살아난다고 주장했다. 미국은 마셜플랜을 기반으로 5개년 동안 130억 달러의 원조금을 유럽에 제공했다. 마셜플랜은 성공을 거두었다. 유럽은 경제기반을 되찾았으며 미국은 유럽의 외교 정책에 영향력을 미칠 수 있는 힘을 갖게 되었다. 유럽뿐만 아니라 미국에게도 이익이었다.

카는 식민 지배에서 서서히 해방되고 있었어요. 따라서 정치와 경제와 사회가 모두 혼란스러웠어요. 미국과 소련과 유럽 몇몇 나라들이 원조의 손길을 내밀었습니다. 이렇게 아프리카를 향한 원조가 시작되었지요.

1960년대

유럽과 미국의 경제학자들은 아프리카 신생독립국가들의 높은 성장률을 예상했습니다. 아시아에 비해 아프리카는 미래가 밝다는 의견이 많았지요. 1965년 가봉과 잠비아의 1인당 국민소득은 중국과 인도에 비해 두 배

집중탐구 원조의 세 가지 유형

원조는 세 가지 유형으로 나눌 수 있다. 우선 재해나 재난이 발생했을 때 제공하는 인도주의적 원조가 있다. 2004년 쓰나미로 피해를 입은 스리랑카나 인도네시아 지역에 대한 구호활동이 인도주의적 원조에 해당한다. 다음으로는 자선단체들이 현지 시설과 주민들을 돕는 원조가 있다. 주로 자선기금을 모아 학교나 보건시설을 지원한다.

마지막으로 공적개발원조가 있다. 개발도상국의 경제개발과 복지향상을 위해 제공되는 자금이다. 대규모의 원조금이 정부에서 정부로 전달되거나 세계은행 같은 기관을 통해 정부에게 제공된다. 공적개발원조는 낮은 금리로 빌려주는 차관과 무상원조인 증여의 형태로 이뤄진다. 사실 자선기금과 긴급구호의 규모는 공적개발원조에 비하면 아주 미미한 수준에 불과하다. 여러 아프리카 국가들은 증여보다 차관을 많이 받았다. 그런데 차관을 쓴 뒤에 이자를 못 갚는 상황이 종종 벌어졌다.

이상 높았거든요. 일반적으로 볼 때 아프리카는 풍부한 천연자원과 기름진 농토를 가진 반면에 아시아는 인구가 지나치게 많고 식량이 부족한 지역이었어요.

1960년에 아프리카로 들어간 원조는 1억 달러 정도로 훗날 원조의 규모에 비하면 아주 적은 금액이었어요. 주로 도로나 철도 등 공공기반시설에 자금이 들어갔습니다. 1965년이 되자 아프리카에 독립 국가들이 많이 생겨났어요. 원조는 약 10억 달러로 늘어났지요.

한편 **냉전시대**에 접어든 미국과 소련은 서로 힘겨루기를 하느라 더 많은 동맹국가가 필요했어요. 두 나라는 이제 막 독립한 아프리카의 수많은 나라를 자기편으로 만들고 싶었답니다. 그래서 원조를 앞세워 아프리카에 영향력을 발휘했습니다. 미국의 지원을 받는 나라는 자유주의의 길로 들어섰으며 소련에서 자금을 받는 나라는 사회주의를 표방했지요.

미국과 소련의 입장에서는 지원받는 정부가 독재를 일삼든 부정부패를 저지르든 상관없었습니다. 내 편이냐 아니냐가 더 중요했거든요. 미국은 자

집중탐구 자이르

벨기에로부터 독립하고 1964년에 콩고민주공화국이 되었으나 독재자인 모부투 세세 세코 대통령이 1971년에 나라 이름을 자이르로 바꾸었다. 1997년 반군세력에 의해 모부투 세세 세코 대통령이 쫓겨나면서 콩고민주공화국으로 다시 바뀌었다.

집중탐구 제1차 석유파동

1973년 10월에 시작된 중동전쟁(아랍과 이스라엘 분쟁)이 석유전쟁으로 번지면서 세계의 경제는 제2차 세계대전 이후 가장 심각한 불황에 직면하게 되었다. 페르시아 만의 6개 석유수출국들은 원유 가격을 17퍼센트 인상하겠다고 발표했다. 아울러 이스라엘의 아랍 지역 철수와 팔레스타인의 권리 화복이 이뤄질 때까지 원유 생산을 5퍼센트씩 줄이겠다면서 석유를 정치적인 무기로 삼았다.

석유수출국들이 입장을 발표하자마자 전 세계의 '에너지 위기'가 시작되었다. 1974년 1월 페르시아 만 산유국들은 원유 가격을 두 배 이상 올렸다. 3달러 2센트였던 원유가 두 달 만에 11달러를 훌쩍 넘어 버렸다. 유럽과 미국의 기업들은 석유가 부족하자 공산품의 제작을 멈추었다. 그러자 공산품의 가격이 치솟으며 세계적인 불황과 인플레이션이 시작되었다.

이르의 독재자인 모부투 세세에게 자금을 건넸고 소련은 부패를 일삼는 에티오피아 정부의 든든한 후원자가 되었습니다. 그다지 순수하지 못한 동기로 원조가 이뤄진 셈이지요.

1970년대

1960년대 아프리카 원조의 우선순위는 '경제발전과 개발'이었습니다. 그런데 1970년대에는 '빈곤 해결'로 바뀌었습니다. 왜 그랬을까요? 1973년에 발생한 제1차 석유파동 때문입니다. 석유파동으로 식료품과 공산품 가격이 치솟았어요. 게다가 아프리카에 가뭄이 들어 굶주리는 사람들이 많아졌습니다.

그래서 해외의 아프리카 원조가 늘어나기 시작했어요.

1979년, 이란이 석유 수출을 중단하면서 제2차 석유파동이 시작되었습니다. 경제가 불안해지면서 선진국이 소비를 줄이기 시작했어요. 아프리카는 수출이 줄어들고 수입은 늘어났지요. 인구가 늘어나는데다 공산품을 수입에만 의지했거든요. 돈이 필요한 아프리카는 외국의 은행에 손을 벌렸어요. 아프리카의 빈곤 구제 기금은 두 배로 늘어났답니다.

그런데 이런 원조금은 공짜가 아니었습니다. 주로 이자를 내며 갚아야 할 차관이었어요. 게다가 선진국들은 **인플레이션**을 막으려고 이자율을 올리기 시작했지요. 아프리카 각국의 부담은 나날이 늘어갔어요. 아프리카 경제는 나락으로 추락했어요.

1980년대

석유파동 전에 50억 달러였던 아프리카의 빚은 1980년에 500억 달러로 늘어났습니다. 높은 금리는 세계적인 불황으로 이어져서 개발도상국의 수출품 판매에도 영향을 미쳤지요. 결국 앙골라, 모잠비크, 나이지리아 등 아프리카의 11개 국가가 빚을 못 갚겠다는 채무불이행 선언을 했습니다.

개발도상국의 채무불이행 선언을 내버려두면 국제금융도 흔들릴 수밖에 없답니다. 해결책은 국가의 빚을 조정하는 것이었습니다. 채무불이행을 선언한 국가들이 빚을 갚을 수 있도록 **IMF**에서 돈을 빌려주었어요. 그 결과 빈곤국들은 원조에 더 의존하게 되었고 점점 더 빚의 수렁텅이로 빠져들었지요.

1982년에 IMF에서 아프리카로 흘러 들어간 돈은 80억 달러였는데 1983년에는 120억 달러로 증가했어요. 원조는 빈곤 해결보다 **구조조정** 쪽에 초점을 맞추었지요. IMF는 적극적으로 원조 프로그램을 실행했어요.

아프리카의 가난한 정부들은 IMF로부터 국가 예산을 지원받는 대신 자유 시장 경제를 허용했습니다. 말하자면 전기나 철도 등 국가가 관리하던

┃ 미국 워싱턴 시에 있는 국제통화기금(IMF) 건물. 대한민국도 1997년 IMF의 지원을 받은 적이 있다.

산업을 민영화하고 자유 무역을 실행하며 국가의 경제 개입을 큰 폭으로 줄이겠다는 뜻이지요. 하지만 자유 시장 경제를 받아들인 순간 아프리카의 경제는 성공할 확률뿐 아니라 실패할 확률까지 커졌습니다.

밥 겔도프와 마이클 잭슨

1984년, 아프리카 곳곳이 IMF로부터 구제 금융을 받을 때, 에티오피아 북부에서는 가뭄으로 수많은 사람들이 죽어가고 있었어요. 에티오피아 기아 현장에 대한 7분짜리 영상이 BBC 방송에서 방영되자 사람들은 경악을 금치 못했습니다. 이 영상은 세계 각지의 방송국에서 방영되었습니다.

영국에서는 아일랜드 출신의 록 가수 밥 겔도프가 구호기금 마련을 위한 '라이브 에이드' 공연을 펼쳤습니다. 17만 명이 공연을 관람했으며 전 세계 인구 19억 명이 텔레비전으로 공연을 시청했어요.

사례탐구 BBC 논평

날이 밝는다. 코렘 외곽 들판에서는 냉기를 헤치고 솟아오른 해가 기근 현장을 비춘다. 20세기인 오늘날 이곳은 지구 상에서 가장 지옥과 가깝다. 주민 수천 명이 녹초가 된 몸을 이끌고 도움을 받고자 이곳 구호캠프를 찾아온다. 하루도 거르지 않고 수백 킬로미터 떨어진 마을에서 사람들이 물밀듯이 몰려든다. 1만 5,000명의 어린이들이 이곳에서 가족을 잃고 고통에 시달린다. 주검이 곳곳에 널려 있다. 20분마다 한 명씩 죽어간다. 소도시 코렘에는 비통함이 넘친다.

미국에서는 여러 스타들이 모여서 '우리는 하나의 세계다(We are the world)'라는 노래를 불렀습니다. 마이클 잭슨과 라이오넬 리치가 곡을 만들고 퀸시 존스가 프로듀서를 맡았지요. 이렇게 만든 앨범의 판매 수익금은 모두 에티오피아 구호자금으로 전달되었어요. 죽음의 현장으로 지구촌 곳곳의 관심이 쏟아졌지요.

1990년대

끊임없는 원조에도 아프리카의 경제는 계속 내리막길을 걸었습니다. 아프리카인들의 가난한 생활은 조금도 나아지지 않았어요. 권력자들의 부정부패는 더 곪아갔어요.

▎1961년 세워진 베를린 장벽은 냉전 시대의 상징과도 같았다. 1989년 시민의 힘으로 장벽이 해체된 뒤 동유럽권은 냉전시대 해체의 길로 들어섰다.

1991년에는 소련이 무너지면서 아프리카 원조에 큰 변화가 일어났어요. 냉전시대가 막을 내리자 무조건 퍼주는 원조도 끝났거든요. 미국은 아프리카 원조를 20퍼센트 줄이겠다고 발표했어요. 유럽의 여러 나라도 아프리카 원조에 흥미를 잃기 시작하면서 원조 규모는 순식간에 줄어들었습니다.

1960년대에 시작된 **공적개발원조**는 1992년에 170억 달러까지 늘어났다가 1999년 120억 달러로 뚝 떨어졌습니다. 아프리카를 지원한 나라들은 원조가 실패했다는 것을 깨달았어요. 그러면서 아프리카 경제가 실패한 이유를 아프리카의 부패한 권력가들 탓으로 돌렸지요.

2000년대

새천년이 다가왔지만 아프리카의 경제는 해결책을 찾지 못했어요. 나라마다 빚이 산더미처럼 쌓여 있었어요. 이자를 갚는 것만으로도 수백억 달러가 빠져나가는 바람에 예산은 금세 바닥나기 일쑤였지요. 예를 들어 잠비아는 1인당 빚이 700달러가 넘었는데 1년 소득의 두 배에 이르는 금액이었습니다. 모잠비크에서는 부채가 국내총생산의 네 배를 넘었답니다.

2000년 9월 미국 뉴욕에서 전 세계 정상들이 모여 **새천년정상회의**를 개최했습니다. 지구촌 빈곤과 질병과 환경파괴 등의 문제를 해결하자며, 밀레니엄 개발 목표를 발표했지요. 2002년에는 밀레니엄 개발 목표를 실현시키고자 원조 금액을 국민소득의 0.7퍼센트까지 늘려 나가기로 약속했답니다.

록그룹 U2의 리드싱어 보노는 아프리카 개발도상국의 빚을 없애주자는 운동을 벌였어요. 교황 요한 바오로 2세, 국제연합 사무총장 코피 아난, 달라이 라마 등 세계적인 인물이 보노의 활동에 동참했어요. 마침내 보노의 노력은 결실을 맺는 듯했습니다. 2005년에 주요 8개국 정상회의(G8)가 열렸는데 아프리카의 빚을 모두 없애주고 2010년까지 원조를 두 배 늘리자는 합의를 이루었거든요.

그러나 몇 년 뒤에 이 합의는 그저 말뿐인 숫자놀음이었다는 사실이 밝혀졌어요. 영국과 프랑스 등 몇몇 G8 국가들은 빚을 없애주는 대신 원조를 줄였습니다. 탕감해 준 빚도 전액이 아니었어요. IMF와 **세계은행**과 아프리카개발은행의 빚만 없앴기 때문에 다른 기관에도 빚을 지고 있는 아프리카 국가들로서는 여전히 가난의 굴레에서 벗어날 수 없었어요.

2010년대

중국과 일본이 아프리카 원조에 적극적으로 참여하기 시작했어요. 원유와 천연가스 등 풍부한 광물자원이 중국과 일본의 눈길을 끌었거든요.

중국은 2012년부터 3년 동안 무상원조나 개발 자금의 형식으로 약 600억 달러를 지원했습니다. 중국인 근로자도 150만 명을 파견했어요. 그 대가로 수단과 나이지리아 등에서 연간 5,000만 톤 이상의 원유를 들여왔으며 남아

밀레니엄 개발목표

2000년에 세계 각국의 정상들이 2015년까지 빈곤을 반으로 줄이기 위해 8가지 목표를 세웠다.
  1. 극심한 빈곤과 기아 퇴치
  2. 초등교육의 완전 보급
  3. 성 평등 촉진과 여권신장
  4. 유아 사망률 감소
  5. 임산부의 건강 개선
  6. 에이즈와 말라리아 등의 질병과의 전쟁
  7. 환경 지속가능성 보장
  8. 발전을 위한 전 세계적인 동반 관계 강화

프리카공화국과 잠비아에서 구리와 크롬 등 지하자원을 확보했습니다. 중국은 자원과 관련된 투자를 2020년까지 2,500억 달러로 늘릴 계획입니다.

짐바브웨는 2010년부터 5년 동안 중국에서 10억 달러를 낮은 금리로 빌렸어요. 중국은 짐바브웨의 최대 교역국이 되었습니다. 이런 사례를 통해 아프리카에서 커져가는 중국의 막강한 영향력을 확인할 수 있어요.

오늘날 중국의 아프리카 원조 규모는 미국을 넘어서 유럽 전체의 수준에 이를 정도로 늘어났답니다. 중국은 아프리카 곳곳에 공항, 도로, 항만, 철도, 전시관, 공연관, 경기장 등 공공기반시설을 상당히 많이 건설했지요.

일본은 자원이 풍부한 아프리카 주요 국가와 2년마다 장관급 회담을 열고 있어요. 2013년 회담에서는 아프리카에 5년 동안 320억 달러를 지원하기

▌ 아사카 기지에서 열병식을 하고 있는 일본 육상자위대. 일본은 아프리카의 치안과 보건을 위해 자위대를 파견하겠다고 공공연히 주장하고 있다.

로 합의했습니다. 이 가운데 절반가량은 무상원조였지요. 또한 전염병 전문

가를 육성하고 **유엔평화유지군**에 **자위대**를 파견하여 아프리카의 보건과 치

안을 돕겠다고 밝혔습니다.

오늘날의 아프리카

"십 분마다 어린아이 72명이 탄 버스가 낭떠러지로 돌진합니다. 당신이 그 버스를 세울 수 있다면 당장 행동에 나서지 않을까요?" 아프리카의 아동 사망률은 전 세계 아동 사망률의 절반에 이릅니다. 전 세계 절대빈곤인구의 절반인 4억 명이 아프리카에 살고 있어요. 그리고 아프리카는 지난 30년 동안 가난한 사람들의 수가 늘어난 유일한 지역입니다.

하나, 둘,

셋, 넷, 다섯. 여러분이 5초를 세는 동안 세계 어느 곳에서는 5세 미만의 아이 한 명이 숨을 거둡니다. 사망 원인은 주로 질병과 기아입니다. 그런데 유독 아프리카에 사는 아이들의 사망률이 높습니다. 전 세계 아동 사망률의 절반에 이르거든요.

▎ 아프리카의 나이지리아와 소말리아, 남수단, 예멘 등 4개국에서만 약 2,000만 명이 아사 직전에 놓여 있다.

오늘날의 아프리카는 여전히 많은 문제를 안고 있습니다.

2017년 한국을 방문한 유엔 세계식량계획(WFP)의 크리스 케이 국장은 아프리카 곳곳의 기근이 얼마나 심각한지 설명하며 국제사회의 지원을 촉구했습니다.

"십 분마다 어린아이 72명이 탄 버스가 낭떠러지로 돌진합니다. 당신이 그 버스를 세울 수 있다면 당장 행동에 나서지 않을까요?"

케이 국장은 아프리카의 나이지리아와 소말리아, 남수단, 예멘 등 4개국에서만 약 2,000만 명이 아사 직전에 놓여 있다고 밝혔어요. 영양실조 상태의 아동은 570만 명이며 그중 생명이 위험한 아동은 150만 명이라는군요. 이처럼 아프리카는 여전히 기아에 시달리고 있습니다. 그런데 기아만으로 오늘날의 아프리카 현실을 설명할 수는 없습니다. 아프리카가 처한 상황은 또 무엇이 있을까요?

세계식량계획(World Food Program)은 식량이 부족한 나라들에서 활동한다. 처음에는 주로 유럽이나 미국 등 부자 나라로부터 남아도는 식량을 지원받았다. 그러다 보니 원치 않은 곡물을 지원받는 경우가 있어서 지원 방식을 바꾸었다. 이제는 원조를 제공하는 공여국이 자금을 주면 그 돈으로 식량을 사들여서 지원한다. 북한에서는 1995년 10월에 세계식량계획 평양 사무소를 열고 36만 명의 한 달치 식량에 해당하는 쌀을 지원하며 업무를 시작했다. 2017년 4월에는 북한 빈곤층 76만 명에게 1,900톤의 식량을 지원했다.

끊임없는 내전

아프리카는 내전을 겪지 않은 나라가 거의 없을 정도입니다. 내전으로 인해 아프리카에서는 매년 180억 달러의 국민소득이 사라졌다는군요. 1990년부터 2005년 사이에 분쟁이 일어났던 아프리카 국가들을 살펴보니 피해액이 3,000억 달러에 이르렀어요. 2006년에는 전 세계 전쟁의 40퍼센트가 아프리카에서 일어났지요. 그해에만 11개 아프리카 국가의 사람들이 내전의 공포에 떨어야 했습니다.

2017년에 남수단은 기아에 시달리는 인구가 금세 100만 명으로 늘어나는 바람에 **기근**을 선포했어요. 기근 선포는 2011년 소말리아에 이어 6년 만에 처음입니다. 그런데 남수단의 기근은 내전과 떼려야 뗄 수 없는 관계입니다. 즉, 인간이 만들어 낸 기근이라고 볼 수 있지요.

남수단은 2011년 수단으로부터 독립했어요. 그런데 2년 뒤 정부군과 반군이 대립하다가 내전을 일으켰어요. 무장한 군인들이 마을로 침입하여 주민들을 살해했습니다. 살아남은 사람들은 집을 버리고 머나먼 곳이나 다른 나라로 피신했지요. 그 중에는 가족을 잃은 채 홀로 피란길에 오른 아이들도 많답니다. 난민 열 명 중 한 명은 보호자 없이 떠도는 아이라는군요. 4년 넘게 내전이 이어지자 농작물이 부족해져서 식료품의 가격이 치솟았습니다. 농민들조차 식량을 구경하기 어려워졌어요. 세계식량계획 등 유엔기구들은 남수단 인구의 40퍼센트에 이르는 500만 명에게 식량공급이 이뤄져야 한다고 밝혔답니다.

중앙아프리카공화국은 세계에서 가장 가난한 나라 중 하나로 꼽힙니다. 오랫동안 내전이 이어진 곳이지요. 기독교계 프랑수아 전 대통령이 반군에게 쫓겨나자 기독교도들이 이슬람교도들을 공격하면서 수천 명이 목숨을 잃었어요. 결국 전체 인구 480만 명 중 100만 명이 난민이 되어 고향을 떠났습니다. 2017년 6월 중앙아프리카공화국 정부와 13개 무장단체가 이탈리아 로마에서 즉각 휴전하자는 평화협정에 서명했지요. 그러나 갈등이 완전히 해결되지 않았어요. 하루 만에 다시 전투가 벌어져 사망자와 부상자가 여럿 생겨났어요. 유엔은 폭력과 약탈을 막기 위해 1만 명의 군인과 1천 명의 경찰을 보냈지만 곳곳에서 유혈사태는 끊이지 않습니다.

아프리카가 식민 지배에서 벗어난 지 60여 년이 흘렀습니다. 그러나 곳곳에서 영토분쟁과 종족분쟁이 일어나고 있어요. 열 살 남짓의 어린이들이 총을 들기도 합니다.

사례탐구 남수단 내전

남수단은 2011년 국민투표를 통해 수단에서 분리 독립했다. 남수단의 국가원수인 키르 대통령은 독립운동 전우였던 마차르 부통령을 자리에서 쫓아냈다. 그러자 마차르 전 부통령은 반군을 결성하여 대응했다. 유엔평화유지군이 중재에 나섰지만 소용이 없었다. 2013년부터 시작된 내전에서 시민들은 무차별적인 학살을 당했다. 결국 수많은 사람들이 고향을 버리고 안전한 곳을 찾아 떠나게 되었다. 그렇게 떠난 피란민은 100만 명이 훌쩍 넘었다. 약 80만 명이 고향을 잃은 채 떠돌고 있으며 27만 명은 다른 나라로 향했다.

늘어나는 난민

아프리카 10개 국의 난민 문제도 심각합니다. 난민은 5년 동안 두 배 가까이 늘어나 500만 명이 되었어요. **유엔난민기구**는 난민을 돕는 손길이 많아지기는 했으나 난민이 늘어나는 속도를 따라가지 못한다고 발표했어요. 그 바람에 난민 캠프에서 제공하는 음식의 양과 질은 자꾸 떨어지고 있어요. 식량

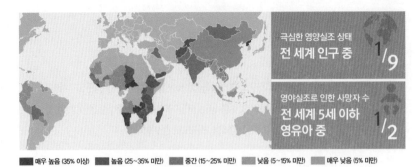

■ 매우 높음 (35% 이상)　■ 높음 (25~35% 미만)　■ 중간 (15~25% 미만)　■ 낮음 (5~15% 미만)　■ 매우 낮음 (5% 미만)

┃ 굶주리는 세계 지도. 출처: 기아대책

배급량이 반으로 줄어든 곳도 많답니다. 난민의 절반은 심각한 영양부족 문제를 겪고 있지요.

특히 소말리아와 에티오피아 등 '아프리카의 뿔'로 불리는 지역의 난민들은 상태가 심각하답니다. 유엔난민기구는 소말리아를 떠나 난민촌에 도착

사례분석 나이지리아 난민

2017년 6월에는 아프리카 사막을 건너려던 난민 44명이 자량 고상으로 물을 제때 구하지 못해 모두 사망했다. 니제르 북부의 이 사막은 모래폭풍이 자주 불고 기온이 섭씨 42도에 이르는 곳이다. 사망자 중에는 갓난아기 3명과 어린이 3명, 여성 17명이 포함되어 있었다. 나이지리아 출신인 이들은 리비아로 들어가려다가 사고를 당했다. 서아프리카 난민 대부분은 약간의 물과 음식을 갖고 트럭에 몸을 실은 채 사막을 건너기 때문에 이처럼 생명이 위태로울 수 있다. 국제이주기구(IOM)는 지난해 아프리카 난민 33만 명 정도가 니제르를 지나 아프리카 북부로 향했다고 밝혔다.

한 아동 난민 세 명 중 두 명은 생명이 위태로울 정도로 영양부족이라고 밝혔습니다.

말라리아

아프리카인들의 눈앞에 닥친 문제가 식량부족과 전쟁만은 아닙니다. 말라리아나 에이즈나 에볼라 등 갖가지 질병 또한 그들의 목숨을 위협하고 있어요.

유엔난민기구의 조사에 따르면 아프리카 난민 중 100만 명 가까운 사람

사례분석 최대 난민촌

우간다는 전 세계에서 가장 많은 난민을 수용하고 있는 국가다. 우간다 정부가 난민에 적대적인 감정이 없는데다 국민들도 난민을 자연스럽게 받아들이기 때문이다. 1970년대 독재와 내전으로 우간다 국민들은 나라를 떠나야 했다. 난민 신세가 된 자신들을 다른 나라가 받아주었듯이 이제는 자신들이 난민을 환영해야 한다는 입장이다. 따라서 무려 120만 명의 난민이 우간다에 머물고 있다. 지금도 전쟁과 기아를 피하려는 난민들의 발길이 우간다로 향하고 있다. 하루 평균 2,000여 명씩 여성들과 아이들이 맨발로 국경을 넘고 있는데 가족은 거의 사망했으며 집은 불에 탔다고 한다.

유엔난민기구가 밝힌 우간다 난민 지원에 필요한 자금은 5억 7,000만 달러이지만 실제 원조 금액은 4분의 1에 불과하다. 세계식량계획은 어쩔 수 없이 식량배급량을 절반으로 줄였다. 난민촌 내 학교는 텐트로 만들어져서 비바람을 막지 못하므로 아이들은 비에 젖기 일쑤다. 전기가 부족해 하루 수십 명씩 발생하는 응급환자를 치료하기도 어려운 상황이다.

들이 말라리아에 걸린다고 합니다. 그 중 십여만 명은 결국 목숨을 잃게 되지요. 말라리아는 말라리아 기생충을 가진 암컷 모기에 물렸을 때 감염되는 질병입니다. 어린이들은 신체가 충분히 발달하지 못해서 말라리아에 걸리면 쉽게 사망에 이르지요. 운이 좋아 살아난다고 해도 귀가 들리지 않거나 척추가 마비됩니다. 또는 기억상실증이나 정신분열증을 앓기도 합니다.

전 세계의 말라리아 사망자 수는 한 해에 약 40만 명인데 그 중 90퍼센트가 아프리카에서 발생합니다. 지난 40년 동안 말라리아가 없었다면 아프리카의 경제성장률은 매년 1.25퍼센트씩 높아졌을 거라는 분석이 나왔어요.

에이즈

1980년 처음으로 에이즈가 아프리카에서 발생했어요. 약 40년이 지났지만 사람들은 여전히 에이즈에 감염되고 있습니다. 기아로 숨진 사람들보다 훨씬 많지요. 최근에 치료약을 나눠준 결과 사망자 수는 줄었지만 젊은 여성과 10대를 중심으로 매주 7,500명이 에이즈에 감염되고 있어요.

아프리카를 둘러보면 부모 없이 아이들만 살거나 할머니 혼자 열 명가량의 손자들을 돌보는 경우를 종종 발견합니다. 에이즈로 세상을 떠나는 부모들이 늘어나기 때문이에요. 에이즈로 인한 아프리카 고아의 수는 해마다 25만여 명에 이른다고 합니다. 에이즈 때문에 15초마다 한 명씩 고아가 생겨나는 셈이지요.

최근의 조사에 따르면 전 세계 에이즈 환자는 3천7백만 명입니다. 그중 2천 5백만 명이 아프리카에 살고 있어요. 남아프리카공화국과 스와질란드는 에이즈 발병률이 가장 높은 나라이지요. 정부는 에이즈 감염자가 30퍼센트라고 밝혔지만 구호단체 전문가들은 인구의 70퍼센트가 감염되었을 것으로 예상합니다. 아동 에이즈 감염도 심각한 문제랍니다. 아직은 치료제가 넉넉히 공급되지 못해서 어린아이 20명 가운데 한 명만 치료를 받을 수 있어요. 또한 추가감염도 문제입니다. 에이즈에 걸린 산모가 낳은 아기는 모유를 먹다가 에이즈에 감염되는 경우가 잦으니까요.

비효율적인 산업구조

산업화 과정을 거치는 나라는 어떻게 변화할까요? 1차 산업의 비중은 점차 줄어들고 제조업의 비중이 늘어나지요. 제조업이 40퍼센트 수준에 이르면 제조업은 줄어들고 서비스 산업의 비중이 늘어납니다.

아프리카는 이와 달리 특이한 산업구조를 갖고 있어요. 농업을 포함한 1차 산업의 비중이 전체의 절반가량을 차지하며 서비스 산업 역시 40퍼센트에 이

▌〈세계 에이즈 감염자 분포도〉

기아를 악화시키는 에이즈

2003년 한해에만 아프리카 남부 전역에서 에이즈로 사망한 농민의 수는 700만 명이 넘었다. 농사를 지을 일손이나 농업 지식이 사라진 셈이다. 기후가 적당하고 정부가 정책을 바꾸고 개량종자가 나와도 농업은 회복되지 않았다. 아무리 비가 많이 내려도 빈 들판에 농사를 지을 사람이 없기 때문이다. 결국 기아와 에이즈는 꼭 붙어 다니는 관계가 되었다. 에이즈로 식량 부족이 심해지자 영양실조가 빠르게 늘어났다. 영양실조로 면역력이 약한 사람들은 쉽게 에이즈에 걸렸다. 에이즈가 기아를 악화시키고 기아는 에이즈를 널리 퍼트린 셈이다.

에이즈가 아프리카에 순식간에 퍼지자 경제도 흔들렸다. 한때 활발한 경제활동을 보이던 보츠와나는 에이즈로 노동력이 감소한 탓에 경제성장이 주춤했다. 2003년 스와질란드에서는 농업생산량이 30퍼센트 이상 줄어들었다. 스와질란드 정부는 성인 한 명이 에이즈에 걸리면 그 집안의 농업 생산량은 절반으로 줄어든다고 발표했다.

릅니다. 반면 제조업의 비중은 0에 가깝답니다. 전 세계 제조업의 수출액에서 아프리카 제조업이 차지하는 비중은 0.2퍼센트입니다. 경제학자들은 제조업이 산업을 이끌어간다고 주장합니다. 제조업이 발전해야 새로운 기술을 받아들일 수 있고 생산과 수출도 활발해지기 때문이죠. 따라서 제조업이 부진한 아프리카의 산업구조는 효율적이지 않습니다.

부실한 기반시설

아프리카의 전기보급률은 매우 낮습니다. 세 명 중 한 명만 전기의 혜택을 받고 있어요. 나머지는 석탄이나 목재 등 전통적인 연료로 난방과 조리를 해결하지요. 농촌이나 도시에서 멀리 떨어진 곳에서는 8퍼센트만이 전기를 공급받고 있습니다.

도로와 철도와 항구 역시 제대로 갖춰지지 못했습니다. **도로망**은 전 세계 평균에 훨씬 못 미치는 수준이며 그나마 25퍼센트의 도로만 포장되었다고 합니다. 철도는 식민지 시대의 수준과 별로 차이가 없습니다. 1970년대 개발된 타자라 철도망이 거의 유일한 개발 사례랍니다. 아프리카의 항구는 총 64개이지만 관리가 제대로 이뤄지지 못하고 있어요. 컨테이너 처리 속도 역시 현대적인 시설을 갖춘 다른 지역 항구에 비해 훨씬 느리지요. 처리 비용도 유럽이나 아시아에 비해 50퍼센트나 비쌉니다.

물 부족

아프리카는 물이 부족한 대륙입니다. 땅에 떨어지는 빗방울의 20퍼센트

알아두기

타자라 철도망은 잠비아에서 탄자니아의 다르에스살람 항을 연결하고 있으며 1,076킬로미터의 길이다. 광산에서 채굴한 구리를 항구로 보낼 수 있다. 수송량이 적어서 매달 손실이 100만 달러에 이른다고 한다.

만 강과 시내로 흘러들어갑니다. 나머지 80퍼센트는 증발되지요. 또한 농지의 5퍼센트만 **관개시설**을 갖추고 있어요. 따라서 아프리카 농민들로서는 옥수수나 콩 등 농작물을 키우려면 하늘만 바라보며 비를 기다려야 합니다.

케냐는 5년 전부터 시작된 가뭄으로 몹시 고통 받고 있습니다. 물이 찰랑거리던 커다란 강은 이제 흔적만 남아 있답니다. 말라 버린 강 옆에는 수십 마리의 죽은 염소가 쌓여 있지요. 염소에서 나온 고기와 우유로 끼니를 잇던 가족들은 앞으로 어떻게 될까요?

토고의 어느 마을에는 유달리 아픈 사람들이 많습니다. 눈동자가 하얗게 변한 여성, 다리가 안쪽으로 심하게 굽은 채 태어난 아기, 온몸에 피부병이 번진 어린아이. 모두 더럽고 오염된 늪지의 물을 식수로 사용하여 발생한 질병이에요. 오염된 물을 마시면 콜레라나 장티푸스에 걸릴 확률이 크답니다. 그런데 아프리카에서는 1억 6천만 명이 깨끗한 물을 구하기 어려운 환경에서 살아가고 있습니다.

낮은 기대수명과 높은 문맹률

오늘날 세계 평균 **기대수명**은 71세이지만 아프리카는 58세입니다. 특히 전염병이 돌거나 전쟁이 잦은 나라는 기대수명이 50세에 불과합니다. 2016년 세계보건기구(WHO)가 발표한 국가별 기대수명을 살펴보면 151위의 남아프리카공화국부터 최하위인 183위 시에라리온까지 모두 아프리카 대륙의 국가인 것을 알 수 있습니다. 1위인 일본은 기대수명이 83세인데 시에라리온은 겨우 50세입니다. 특히 어린아이의 사망 비율이 다른 대륙에 비해 무척 높답니다. 아프리카 전 지역에 걸쳐 일곱 명 중 한 명은 다섯 살이 되기 전에 사망합

니다. 아프리카의 기대수명이 OECD 국가와 비슷한 수준이었다면 경제성장
률이 해마다 2퍼센트씩 더 상승했을 것이라는 분석도 있습니다.

당연히 문맹률도 높습니다. 부르키나파소와 니제르, 남수단 등 아프리카
곳곳의 문맹률은 70퍼센트를 넘습니다. 세계 최하위를 기록한 남수단은 글
을 읽는 국민이 열 명 중 세 명도 안 됩니다. 이처럼 각국의 보건상황이나 절
대빈곤, 문맹률 등 중요한 지표들을 두루 살펴보면 아프리카의 상황이 다른
나라와 차이가 많다는 점을 알 수 있어요.

절대빈곤인구

오늘날 전 세계의 절대빈곤인구는 약 8억 명입니다. 2달러도 안 되는 돈으
로 하루를 버티는 사람들이지요. 1990년 전 세계 절대빈곤인구 19억 명에 비

▌〈절대빈곤인구〉 출처: 세계은행(WB)

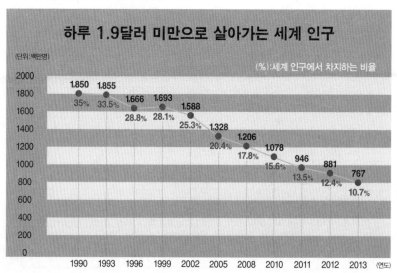

하면 절반으로 줄어든 셈입니다. 그러나 아프리카는 다릅니다. 지난 30년 동안 가난한 사람들의 수가 늘어난 유일한 지역이거든요. 절대빈곤인구의 절반인 4억 명이 아프리카에 살고 있어요. 게다가 빈곤에 시달리는 어린이들의 비율은 어른의 두 배입니다. 따라서 아프리카에서는 다섯 살 전에 숨지는 아이들이 많습니다. 발달이 더디거나 영양실조로 고통 받는 경우도 종종 볼 수 있어요. 국제구호기구인 **세이브더칠드런**은 2030년에 절대빈곤아동이 1억 7천만 여명에 이를 것이라고 추측했어요. 그리고 그중 90퍼센트는 아프리카에 몰려 있을 것으로 내다봤습니다.

간추려 보기

- 아프리카 11억 명 인구 중 4억 명이 절대빈곤에 시달리고 있다.
- 아프리카는 아직도 내전이 진행 중이다.
- 아프리카 난민촌에는 여전히 많은 사람들이 몰려들고 있으며 난민굴 사람들은 영양부족에 시달린다.
- 말라리아와 에이즈 등 갖가지 질병이 아프리카인의 목숨을 위협하고 있다. 기대수명이 세계 평균에 미치지 못한다.
- 아프리카는 제조업이 발달되지 못하여 경제상황이 불안정하다. 도로와 철도와 항만 등 기반시설도 부족하다.

원조의 그림자

4

CHAPTER

수십 년간 어마어마한 금액의 원조를 쏟아 부었지만 아프리카는 발전하지 못했어요. 오히려 빈곤층이 빠른 속도로 늘어났지요. 1960년대에는 아프리카인들이 전 세계 빈곤층의 10퍼센트를 차지했는데 2010년에는 50퍼센트로 치솟았어요. 선진국의 원조는 오히려 아프리카의 산업을 붕괴시켰고, 대기업과 선진국 농부들의 배만 불리는 결과를 가져왔습니다.

60년 전에는 아프리카만 가난한 대륙이 아니었

어요. 아시아 역시 빈곤에 시달렸답니다. 당시에는 아프리카의 상황이 훨씬 나았지요. 이제 아시아의 많은 국가들은 놀라운 경제성장을 이루었어요. 어떤 국가들은 주요 선진국의 경제성장률을 뛰어넘었지요. 그런데 원조를 가장 많이 받은 아프리카의 국가들은 경제가 되레 후퇴했어요. 원조가 부족했을까요? 아니면 지나친 원조가 문제였을까요? 수십 년간 어마어마한 금액의 원조를 쏟아 부었지만 아프리카는 발전하지 못했어요. 오히려 빈곤층만 빠른 속도로 늘어났지요. 1960년대에는 아프리카인들이 전 세계 빈곤층의 10퍼센트를 차지했는데 2010년에는 50퍼센트로 치솟았어요. 원조가 늘어날수록 아프리카의 경제는 뒷걸음질 쳤고 가난은 지속되었지요. 아프리카가 빈곤에서 벗어나지 못하는 이유가 혹시 원조 때문일까요? 아프리카가 받은 원조는 무엇이 문제였을까요?

원조의 허점

누군가는 원조가 효율적이지 못하다고 지적했어요. 말라리아 치료제를 예로 들어볼까요? 오늘날 아프리카에서 수많은 사람들이 말라리아로 죽어가고 있습니다. 3,000원짜리 알약으로 말라리아 사망자의 수를 반으로 줄일 수 있는데도 말이지요. 60여 년간 1조 달러에 가까운 원조가 제공되었다는데 3,000원짜리 알약이 없어서 말라리아 사망자가 많다는 것은 이해하기 어렵습니다. 원조의 허점이라고 할 수 있지요.

또한 '80:20의 법칙'을 주장하며 원조를 비판하는 학자들도 많습니다. 원조자금 100중에서 80퍼센트가 '원조 사업자'에게 돌아가고 나머지 20퍼센트만 필요한 사람에게 쓰인다는 뜻이지요. '원조 사업자'가 누구냐고요? 원조를 통해서 돈벌이를 하려는 사람들이에요. 예를 들어 2002년 미국은 아프리카에 1인당 3달러를 원조했습니다. 하지만 연구가들이 조사한 결과 정부 및 구호기관의 활동비와 행정 비용, 관리비, 급료 등을 제외하면 1인당 6센트만 제공되었다고 합니다.

그런데 아프리카의 원조를 더 강력하게 비판하는 경우도 있답니다. 어떤 학자는 이제껏 제공된 원조 때문에 아프리카가 빈곤에서 벗어나지 못하고 있다는 논리를 폈습니다. 심지어 아프리카의 원조를 죽은 원조라고 표현했지요. 따라서 아무 도움도 안 되는 원조를 당장 중단하라고 주장합니다.

전문가 의견

1970년대부터 아프리카에 제공된 원조금은 사실상 거의 이룬 게 없다. 원조의 많은 부분이 아프리카 대륙의 개발에는 관심을 두지 않은 채 서구의 입맛에 맞은 정권을 세우고 유지시키는 데에만 사용되었기 때문이다.

— 폴 카가메 르완다 현 대통령

농업의 몰락

미국의 농업학자인 볼로그 박사는 아프리카에 다시는 기근이 없기를 바랐습니다. 그래서 직접 아프리카로 가서 식량 문제의 해결에 힘썼지요. 그 덕분에 옥수수와 양배추, 콩, 토마토 등 농작물의 수확이 꾸준히 증가했어요. 볼로그 박사는 에티오피아의 농업에도 영향을 미쳤습니다. 2000년부터 2002년까지는 풍년이 들어서 해마다 농작물이 1,300만 톤씩 쏟아져 나왔답니다. 몇십 년 전에 백만 명이 굶어 죽었던 나라라고는 상상할 수도 없었지요. 그런데 에티오피아 정부나 국제사회는 이처럼 농작물이 넘쳐날 때 어떻게 해야할지 방안을 세워 놓지 않았습니다.

농민들은 농작물을 저장해 놓고 싶었지만 창고가 없었어요. 당나귀 말고는 농작물을 운송할 수단도 없었지요. 해외로 수출하는 일은 엄두도 못 냈습니다. 도로가 엉망이라 항구까지 가려면 몇 달이 걸리기도 했어요.

2002년 에티오피아의 모든 농작물이 한꺼번에 시장으로 나왔습니다. 하지만 시장에는 에티오피아 농작물만 있는 게 아니었어요. 미국이나 유럽에서

▌ 노먼 볼로그는 1917년에
노벨 평화상을 받았다.

온 해외 원조식량도 잔뜩 쌓여 있었지요. 농작물의 가격은 계속 떨어졌답니다. 100킬로그램에 10달러였던 옥수수가 고작 2달러에 팔렸지요. 농민들은 한숨을 쉬었습니다. 농작물을 팔아봐야 종자 값이나 비료 값도 안 나왔으니까요. 결국 팔지 못한 농작물은 마당 한쪽에서 썩어갔습니다.

2003년, 똑같은 실수를 저지르지 않으려고 대다수의 농민들은 재배 면적을 줄였습니다. 예를 들어 3,000에이커에 농사를 짓던 농민이 500에이커에만 씨앗을 뿌렸지요. 곡물을 많이 재배할수록 오히려 손해였으니까요. 2003년 5월 에티오피아 전국에 가뭄이 시작되었어요. 농작물은 누렇게 말라갔어요. 농작물 재배 면적이 줄어든데다 가뭄까지 겹치자 수확량은 뚝 떨어졌어요. 풍년으로 농작물이 썩어간 지 1년 만에 기근이 시작되었어요. 에티오피아 정부는 식량을 원조해 달라고 국제 사회에 다시 손을 내밀었어요. 이제 에티오

> **집중탐구 왜 해외 원조식량이 시장에서 팔리는가?**
>
> 2000년대 유럽이나 미국의 식량 원조는 현물원조가 기본이었다. 현물원조란 자국에서 생산하는 농산물이나 공산품으로 원조하는 방식을 가리킨다. 특히 미국 정부는 자국의 구호단체에게 현금을 지급하는 대신 곡물을 지원했다. 각 구호단체는 그들이 활동하는 나라에서 곡물과 가공식품을 팔아 현금을 마련했다. 그리고 그 돈으로 개발도상국에 우물을 파거나 아이들에게 예방접종을 하는 등 프로젝트를 진행했다. 따라서 구호단체가 파는 곡물과 식료품을 현지 시장에서 흔히 볼 수 있었다. 이 같은 미국의 현물원조는 값싼 미국산 식량이 아프리카로 들어가서 농산물 시장을 망가뜨리게 하는 요인이 된다는 비판을 받았다.

피아인들은 자급자족보다는 식량 원조에 더 관심을 갖게 되었어요.

식량 원조로 인한 농업의 몰락은 에티오피아만의 문제는 아닙니다. 아프리카 곳곳에서 무상으로 나눠주는 식량 때문에 농민들은 쟁기를 놓아 버렸습니다. 어설프게 농사를 짓다가 비료 값이나 종자 값을 빚지면서 손해를 보기 일쑤였으니까요. 농민들은 부끄럽더라도 한 달에 한 번 줄을 서서 옥수수 가루를 받아오는 편이 낫다고 생각했습니다.

제조업의 몰락

아프리카의 모기는 황열병이나 뎅기열, 장티푸스를 전파하지요. 가장 위험한 것은 말라리아입니다. 아프리카에서 해마다 말라리아로 목숨을 잃는

인물탐구 노먼 볼로그

미국의 농업학자로 멕시코 밀을 육성하여 개발도상국의 식량문제 해결에 기여했다. 그 결과 1970년에 노벨 평화상을 받았다. 1990년대에 볼로그는 가나와 에티오피아 등 아프리카의 식량 부족을 해결하기로 결심했다. 볼로그와 그의 동료들은 에티오피아에서 가장 비옥한 지역에 160개의 시험 경작지를 만들었다. 농민들에게 농업 기술을 알려주었으며 개량종자와 제초제를 소개해 주었다. 에티오피아 정부는 '전국 확대 프로그램'을 시작해 3만 2천 개 농지에 종자와 비료를 제공했다. 1990년대 후반 에티오피아의 곡물 수확량은 1980년대에 비해 400만 톤 증가했다. 2000년에 이 프로그램에 참여하는 농민은 400만 명에 이르렀다. 에티오피아의 농작물은 수확량이 계속 늘어났다.

사람은 약 38만 명으로 대대수가 다섯 살 이하 어린이입니다. 아프리카 어린이 사망 원인의 20퍼센트를 차지할 만큼 말라리아는 아프리카 대륙 전체에 퍼져 있습니다.

말라리아를 예방하는 데는 살충 처리된 모기장이 가장 효과적이었어요. 2005년 다보스에서 열린 경제 포럼에서 아프리카 빈민을 위한 대책으로 모기장을 공급하자는 제안이 나왔지요. 미국의 유명 여배우가 선뜻 수백만 달러를 기부했어요. 그 결과 미국은 10만 개의 모기장을 아프리카로 보냈습니다.

아프리카인들은 공짜 모기장이 고마웠을까요? 그렇지 않습니다. 외제 모기장이 시장에 흘러넘치면서 아프리카 모기장 제조업자들은 울상을 지었지요. 모기장이 팔리지 않으니 회사는 문을 닫아야 했습니다. 어느 아프리카 제조업자는 일주일에 약 500개쯤 모기장을 만들었어요. 직원은 열 명이었습니다. 직원 한 명당 부양식구가 약 열다섯 명이었지요. 열 명의 직원이 회사를 그만두는 바람에 150명의 아프리카인들이 끼니를 걱정하게 되었답니다.

나이지리아에서는 기증된 헌 옷 때문에 10년 사이에 일자리가 54만 개 이

생각해 보기

말라리아를 예방하려면 살충 처리된 모기장이 필요하다. 그런데 외국에서 들여 온 모기장을 공짜로 나눠주면 아프리카 모기장 회사는 문을 닫아야 한다. 이 문제의 해결책은 무엇일까?

상 사라졌다는군요. 위의 사례를 통해 좋은 의도를 가진 원조가 항상 좋은
결과만 가져오지 않는다는 것을 알 수 있어요.

신자유주의

1980년 이전까지 아프리카의 여러 나라는 농업이나 무역에 대해 **보호주의**
입장이었어요. 비료 가격을 정부에서 정해 놓았으며 외국 제품의 수입 대신
국내 제품의 생산에 힘썼지요. 석유파동 이후 아프리카의 여러 나라가 채무
불이행을 선언하자 세계은행과 IMF가 아프리카의 경제에 간섭하기 시작했
습니다. 신자유주의의 시작이었어요.

세계은행은 아프리카 각국에게 수출용 작물을 강하게 권했습니다. 외화를
더 많이 벌어들여서 세계은행과 IMF로부터 빌린 **차관**을 갚기를 바랐거든요.

그런데 수출용 작물을 아프리카 곳곳에서 재배하다 보니 공급량이 늘어
나 국제시장의 가격이 떨어져 버렸습니다. 가장 대표적인 경우가 가나의 카
카오 농업입니다. 가나는 세계은행의 요구대로 여기저기에 카카오를 심었어

집중탐구 아프리카의 제조업

아프리카 전체에서 제조업에 종사하는 인구는 15퍼센트 미만이다. 그리고 전 세계 제조업 수출에서 아프리카가 차지하는 비중은 1퍼센트가 안 된다. 1960년 아프리카 국가들은 산업화를 이뤄 내려고 수입대체전략을 추진하였다. 제품을 자국에서 직접 생산하여 외화 지출을 줄여 보겠다는 의지였다.

그러나 상황은 뜻대로 진행되지 않았다. 아프리카 제조회사는 기술력이 부족했으며 상품을 팔아 줄 소비층도 탄탄하지 못했다. 여기에 서구에서 무상으로 들여오는 원조물품이나 저렴한 제품 때문에 제조업은 경쟁력을 잃어버렸다. 대다수 제조업체는 살아남지 못했으며 몇몇 업체만 국내 소비자를 상대로 저가 상품을 팔며 버티었다.

1970년에 아프리카 전 지역에서 고속으로 성장한 기업 열 군데가 선정되었다. 그런데 20여 년 뒤에 그 기업들은 거의 문을 닫았다. 기업이 그동안 쌓았던 기술력은 시장에서 의미가 없어졌으며 노동자는 일자리를 잃었다. 가나를 예로 들자면 1987년부터 6년 동안 제조업 노동자 수가 7만 8,700명에서 2만 8,000명으로 줄어들었다.

▌ 모로코의 가죽 염색 공장.

요. 그 결과 카카오의 생산량이 몇 배로 늘어났지요. 그런데 가나만 카카오를 생산한 게 아니었어요. 많은 양의 카카오가 국제시장에 나오자 카카오의 가격이 절반으로 뚝 떨어졌답니다. 커피를 주로 재배하던 에티오피아는 커피 가격이 떨어져서 피해가 컸습니다. 서부 아프리카의 몇몇 나라는 목화를 생산했는데 유럽산 목화가 절반 가격으로 국제시장에 나온 탓에 큰 타격을 입었어요.

미국과 서유럽의 국가들은 원조를 주로 신자유주의를 도입하는 국가들에게 제공했어요. 아프리카의 여러 국가는 원조가 필요했으므로 선진국과 세계은행의 요구대로 농업정책에서 손을 떼야만 했지요. 심지어 **농업보조금** 제도도 중단했답니다. 정부에서 찔끔찔끔 나오던 농업보조금마저 끊어지자 농민들은 농사로 인한 손해를 모두 떠안아야 했어요.

구조조정

IMF와 세계은행은 아프리카 여러 나라에 강력한 구조조정을 요구했어요. 구조조정의 목적은 경제회복이에요. 세계은행과 IMF는 경제회복을 강조하며 정부의 예산을 대폭 줄였어요. 특히 농업 분야에서는 예산이 거의 사라져버렸습니다. 농민들은 옥수수나 콩 농사에서 점차 손을 뗐어요. 구조조정을 시작한 지 20년 만에 아프리카의 곡물 수입량은 네 배로 훌쩍 뛰었지요. 부르키나파소의 상황은 더 심했답니다. 2000년에 부르키나파소가 수입한 밀은 다른 해에 비해 두 배 가까이 늘었습니다. 외국산 밀과 경쟁이 안 되자 농민들이 밀 재배를 포기했기 때문입니다. 아프리카는 이제 외국의 농작물을 수입해야만 살아갈 수 있어요.

사례탐구 말라위의 비극

1990년대에 말라위 정부는 가난한 농가에게 비료와 종자를 무료로 나눠주는 정책을 실시했다. 수확량이 늘어나는 등 효과가 나타나자 일반 농가로 정책을 확대했다. 2000년에 말라위의 옥수수 생산량은 큰 폭으로 늘어나 국민들이 충분히 먹고도 남을 정도였다. 정부에서는 남은 옥수수를 창고에 저장했다.

세계은행과 IMF는 말라위 정부가 농민들에게 나눠주는 비료와 종자를 문제 삼았나. 일종의 농업보조금 제도이므로 신자유주의에 어긋난다는 깃이었다. 세계은행은 보조금 제도를 빨리 없애라고 강요했다. 정부의 무상 지원이 없어지자 농민들은 비료와 종자를 구입하지 못했다. 말라위의 곡물 생산량은 순식간에 줄어들었다. 한편 IMF는 말라위 정부에게 국가 창고에 보관 중인 식량을 팔아서 정부기관의 빚을 갚으라고 요구했다. 말라위 정부는 IMF의 주장에 따라야만 했다.

2002년, 가뭄이 말라위를 휩쓸었다. 정부의 창고에는 굶주린 사람들에게 나눠줄 식량이 없었다. 결국 1,500여 명이 굶어 죽었다.

구조조정은 아프리카 농업에만 영향을 끼친 게 아니었어요. 사회 구석구석 구조조정의 바람이 불었어요. 관광업과 서비스업, 금융업, 전기, 통신까지 국영기업들이 민영화되었지요. 잠비아에서는 민영화 정책을 무리하게 추진하는 바람에 국영 항공사인 잠비아 항공이 문을 닫았습니다.

세계은행과 IMF가 자금 원조를 내세워 사사건건 간섭한 결과, 아프리카의 빈곤과 불평등은 더 악화되었으며 농업과 제조업의 생산력은 추락했습니다.

부정부패

아프리카의 여러 정부들은 해외 원조로 들어온 현금을 마음껏 꺼내 쓰며 정권을 유지했습니다. 교육이나 보건에 들어갈 공적 자금으로 화려한 생활을 누리는 관리들이 많았지요. 예를 들자면 보건시설을 짓는 사업에 원조금은 20퍼센트만 들어가고 나머지는 관리들의 주머니 속으로 들어갔지요. 이렇게 지어진 병원이나 보건소는 제 역할을 해내지 못했어요. 정작 병들고 가난한 주민들이 해외 원조의 도움을 받지 못한 셈이지요.

짐바브웨는 40년 전만 해도 '아프리카의 곡식 창고'라 불리며 농작물을 수

전문가 의견

아프리카가 국제원조로 살아간다는 것은 편견이다. 아프리카는 무상원조보다 이자를 지불하고 돈을 빌리는 공공개발원조에 훨씬 더 의존한다.
— 엘렌 달메다 프랑스 파리1대학 명예교수이자 역사학자

출하던 부자 나라였습니다. 지금은 실업률이 90퍼센트로 국민의 절반은 에이즈와 콜레라 등 각종 전염병에 시달리고 있어요. 왜 그럴까요? 37년째 짐바브웨를 통치하고 있는 무가베 탓입니다.

무가베는 부정부패를 저지르며 국민을 탄압하는 독재자입니다. 국민은 굶어 죽고 있는데 자신은 호화로운 생활을 하고 있어요. 욕실이 25개 딸린 무가베의 서백은 가격이 무려 2,600만 달러라는군요. 2017년 93회 생일 기념식에는 무려 250만 달러 이상이나 들였답니다.

무가베가 오랫동안 집권할 수 있었던 까닭은 엄청난 해외 원조금 때문이라는 주장도 있어요. 원조만 없었더라면 무가베 대통령은 이미 물러났을지도 모릅니다.

▎ 짐바브웨의 수도 하라레의 거리 풍경. 무가베의 장기 독재 이후 짐바브웨의 실업률은 90%로 치솟았다.

국제투명성기구는 국가의 부패 정도를 조사하여 지수를 발표한다. 가장 부패한 경우는 0이며 가장 깨끗한 정도는 10으로 매겨서 100여 국의 순위를 정한다. 부패 연구가인 그라프 람스도르프는 부패지수가 1점이 오르면 국내총생산(GDP)이 4퍼센트 증가한다고 밝혔다. 부패지수가 3점대인 탄자니아가 영국의 부패지수인 8점대까지 개선시킨다면 탄자니아의 국내총생산은 20퍼센트 상승한다고 예상했다.

전문가 의견

서구 열강과 기업은 독재정권과 상대하기를 좋아한다. 간섭이 별로 없어서 뭐든 서구 열강과 기업이 원하는 대로 착착 진행되기 때문이다.

– 월레 소잉카 군사정권에 반대한 나이지리아의 문학가

에티오피아의 멩기스투 역시 부정부패를 일삼던 독재자였습니다. 그는 1984년 기아로 100만 명이 사망했을 때조차 구호물자와 구호자금을 정권 유지에 사용했습니다. 뿐만 아니라 권력을 장악하려고 반대파를 무자비하게 숙청했지요. 무려 150만 명을 학살했습니다. 멩기스투가 해외 원조금으로 정권을 이어가는 동안 국민들은 기아와 학살로 목숨을 잃었습니다.

악명 높은 인물로 자이르의 모부투 대통령을 빼놓을 수 없겠죠. 모부투는 사치스러운 생활을 일삼았으며 기업에게 뇌물을 공공연하게 요구했어요.

모부투가 자이르를 통치하는 동안 IMF는 열한 차례나 구제 금융을 제공했습니다. 모부투는 스위스의 비밀은행으로 돈을 계속 빼돌렸지요. 모부투 대통령의 도둑질이 탄로 난 뒤에도 세계은행과 IMF는 차관을 계속 지급했답니다. 모부투가 25년간 자이르를 다스리면서 받은 대외 원조는 총 200억 달러였어요. 모부투는 그 중에서 50억 달러를 가로챘습니다.

IMF는 아프리카 상황의 개선을 위해 모부투에게 자금을 주는 것이 에티오피아 국민을 돕는 길이라 생각했습니다. 그러나 빈곤층은 아무런 혜택을 받지 못한 채 독재자의 정권 유지만 도와주는 결과를 낳았지요. 오히려 나라의 빚이 늘어나서 국민의 부담만 무거워졌어요.

부패 전문가들은 아프리카가 받은 해외 원조 중에서 매년 100억 달러가 아프리카에서 빠져나간다고 추측합니다. 빼돌린 원조금은 해외 비밀계좌로 들어가 독재자들의 주머니만 부풀리고 있습니다. 이런 원조는 사회적으로나 경제적으로나 악영향을 끼칠 뿐입니다.

한국의 실패한 원조

2016년 박근혜 전 대통령의 아프리카 순방에 맞춰 '한국형 이동식 원조사업'인 코리아에이드가 추진되었어요. 아프리카 개발도상국을 원조하는 동시에 한류를 전파하겠다며 시작한 사업이에요. 일주일에 한 번, 아프리카의 가난한 마을로 가서 비빔밥을 제공하며 케이팝 영상을 틀어 주는 동시에 의료진이 진료를 베푸는 프로그램이었지요.

그런데 5개월 뒤에 진행 상황을 살펴보니 기대에 전혀 미치지 못했어요. 우선 차량의 운행 횟수가 절반으로 줄어들었어요. 비빔밥은 아프리카인들의 입맛에 맞지 않아 현지 음식으로 바꿨으며 케이팝 영상은 세계보건기구의 자료 영상으로 교체했다는군요. 심지어 문화 영상 차량이 한 대만 돌아다닌 적도 있었답니다.

사실 쌀 가공식품과 비빔밥 등 한식을 소개하고 한류 케이팝을 상영해 주는 프로그램이 아프리카 빈곤층에게 무슨 도움을 주겠어요? 2016년에 53억 원이 투입되고 2017년에 100억 원의 예산이 책정된 코리아에이드는 한국의 생색내기 행사로 그친 셈이에요. 심지어 아프리카를 위한 원조가 아니라 한국 정부를 위한 사업이었다는 비난마저 받았습니다.

주먹구구식 운영으로 원조를 진행해서는 효과를 거두기 어렵습니다. 원조를 주는 공여국과 원조를 받는 수여국 모두 적극적으로 참여하고 책임질 때

▌ 코리아에이드 사업은 사업 자체의 문제점 이외에도 각종 비리 문제와 연루 되어 대한민국 원조 사상 가장 부끄러운 과거가 되고 말았다.

만족스런 결과가 나오기 때문이지요. 코리아에이드는 한국이 지금까지 국제원조 분야에서 쌓아온 노력을 망쳐 놓았다는 평가를 받을 만큼 수치스런 기록으로 남게 되었어요.

미국의 실패한 원조

플레이펌프는 어린이 놀이기구와 수동식 펌프의 결합이라고 볼 수 있어요. 쇠바퀴를 돌려서 지하의 물을 끌어올린 뒤 물탱크에 저장하는 간단한 원리의 장치입니다. 아이들이 놀이기구처럼 쇠바퀴를 타고 빙빙 돌리면 지하 100미터의 지하수가 솟아오른다는군요. 이 제품은 미국의 민간단체인 '플레이펌프 인터내셔널'이 제작했는데요. 일종의 적정기술로서 물탱크에 광고까지 걸 수 있다는 장점도 있답니다.

2005년 플레이펌프에 관한 방송이 방영되자 사람들의 눈길이 쏠렸어요. 이듬해 전 미국대통령 조지 부시의 아내인 로라 부시가 플레이펌프를 위해 총 1,640만 달러라는 거금을 모으겠다고 선언했어요. 그 결과 플레이펌프는 모잠비크를 비롯한 아프리카 10개국에 설치되었습니다. 그런데 얼마 지나지 않아 플레이펌프는 주민들로부터 외면당했어요. 막상 써 보니 불편한 점이 한둘이 아니었거든요.

우선 시간이 지나자 아이들은 플레이펌프에 흥미를 잃었어요. 결국 여성들이 물을 얻으려고 무거운 플레이펌프를 돌려야 했습니다. 여성들로서는 플레이펌프를 돌리는 일이 힘들고 민망할 따름이었습니다. 게다가 몇 시간 동안 쇠바퀴를 돌려야 겨우 물 2리터를 얻을 수 있으니 비효율적이었지요.

플레이펌프에 광고를 부착하여 상업성을 확보하자는 아이디어도 성과를

▍ 플레이펌프 작동 개요와 플레이펌프를 이용하는 아이들. 수혜자의 입장을 고려하지 않아 실패한 대표적인 원조 사업이다.

거두지 못했습니다. 플레이펌프에 광고를 붙이려는 회사가 없었거든요. 게다가 고장이라도 나면 최악의 상황이 벌어졌지요. 수리를 요청해봐야 3개월이 지나도록 아무 응답이 없을 때가 많았어요. 막상 수리를 하려고 해도 수리비가 워낙 비싼데다 기간도 6개월 넘게 걸렸다는군요. 결국 기존에 썼던 손 펌프가 훨씬 낫다는 의견이 많았어요. 애물단지가 된 플레이펌프는 야심차게 사업을 진행한 지 5년여 만에 조용히 막을 내렸어요. 아프리카 주민들은 플레이펌프를 내버려 두고 다시 손 펌프를 설치했지요.

코리아에이드와 플레이펌프는 왜 실패했을까요? 원조를 받는 수혜자의 입장을 고려하지 않았기 때문이에요. 아무리 좋은 원조라도 수혜자들이 외면한다면 무슨 소용이 있을까요? 철저한 분석 없이 즉흥적으로 이뤄진 원조는 돈의 낭비일 뿐 아무런 도움이 안 된다는 사실을 코리아에이드와 플레이 펌프가 여실히 증명하고 있습니다.

간추려 보기

- 선진국의 무분별한 식량원조가 도리어 아프리카의 자급자족을 막는 꼴이 되고 말았다.
- 선진국의 저렴한 혹은 무상 원조품이 시장에 들어오면서 아프리카의 제조업은 경쟁에서 밀려나는 부작용을 낳았다.
- 신자유주의 정책 때문에 농민들은 식량용 작물 대신 수출용 작물을 재배해야 했으며 아프리카의 제품은 국제시장에서 제값을 받지 못했다.
- 세계은행이나 IMF에서 원조의 대가로 요구한 구조조정이 되레 아프리카의 경제를 무너뜨렸다.
- 아프리카 독재자들은 해외 원조 덕분에 부정부패를 저지르며 정권을 이어 나갈 수 있었다.
- 수혜자의 상황과 입장을 제대로 고려하지 않거나 즉흥적으로 이뤄진 원조는 가진 자들의 허영을 만족시킬 수 있을지언정 수혜자들을 돕지는 못한다.

5
CHAPTER

강대국의 원조정책

학자들은 강대국이 원조를 베푸는 속셈은 따로 있다고 지적합니다. 잘 사는 나라들은 1970년부터 가난한 나라에 개발원조금을 지원했어요. 그러나 이들이 자국 농민들에게 지급한 농업 보조금은 개발원조금의 수십 배가 넘었습니다. 농업 보조금은 국제시장에서 농산물 가격의 하락을 불러왔습니다. 그 결과 가난한 나라가 농작물을 수출하여 벌어들이는 돈은 줄어들었지요.

강대국은

빈곤국에 여러 가지 도움을 줍니다. 식량과 물품과 의료품을 보내주고, 도로나 철도 같은 공공시설을 지어 주기도 합니다. 개발 자금을 빌려주기도 하고요. 그런데 이러한 행위 뒤에 인도적인 이유가 아닌 다른 의도가 숨어 있다고 주장하는 사람들도 있습니다. 이들은 강대국의 원조가 오히려 아프리카를 빈곤에 빠뜨리고 있다며 비난하지요. 어떤 학자들은 강대국이 원조를 베푸는 속셈은 따로 있다고 지적합니다. 자국의 농민이나 근로자를 위해 빈곤 국가를 도왔다는 것이지요. 결국 강대국은 원조의 손길을 내미는 척하면서 슬그머니 자국의 이익을 챙긴 셈이었어요. 미국이나 서유럽 여러 나라들은 자국의 제조

전문가 의견

원조는 대부분의 개발도상국에게 정치적, 경제적, 인도주의적 재앙이 되어 왔으며 앞으로도 계속 그럴 것이다.

— 담비사 모요 잠비아 출신의 옥스퍼드 대학 경제학 박사

업이나 농작물을 철저하게 보호했어요. 가난한 나라의 농민들은 아무런 도움을 받지 못하므로 경쟁에서 밀려날 수밖에 없었지요. 강대국의 이기심이 아프리카의 빈곤을 더욱 악화시키는 결과를 낳은 셈이지요.

식량원조법

2003년에 미국은 농작물이 잘 자라서 수확량이 늘었어요. 농작물이 넘쳐 났으므로 농민들은 제값을 받고 팔기가 어려웠지요. 그런데 마침 정부에서 농민들로부터 곡물을 구매하기 시작했어요. 기근에 시달리는 에티오피아 북부에 보낼 원조식량이었지요. 워싱턴 주에 사는 농민은 에티오피아로 보낼 콩을 포대에 담았어요. 안도의 한숨을 내쉬면서요.

에티오피아 남부의 농민은 미국이 에티오피아 북부에 식량을 원조해 줘서 고마웠습니다. 그렇지만 한편으로는 마음이 답답했어요. 당시 남부에는 곡물이 남아돌고 있었거든요. 미국의 값싼 식량 때문에 남부의 농민들은 기껏 키운 농작물을 엄청나게 손해를 보며 팔았지요. 에티오피아 남부의 농민은 미국이 에티오피아의 곡물로 식량을 지원해 주면 참 좋겠다는 생각을 했어요.

그러나 미국은 아프리카의 농민들로부터 식량을 구매할 수 없었답니다. 식량원조법에는 미국에서 재배한 농작물로만 지원할 수 있다는 규정이 적혀 있었거든요. 따라서 미국 정부의 원조식량은 모두 미국산 농작물이었어요.

게다가 원조식량을 수송할 때 미국의 선박을 이용해야한다는 조항도 식량원조법에 적혀 있었어요. 결국 농작물 한 톤 당 200달러가량 비용이 늘어났답니다. 미국 선박의 운송료가 워낙 비쌌기 때문이지요. 미국산 농작물을 빈곤 국가로 보내는 비용 중 절반이 운송료와 저장료로 나가는 셈이었습니다.

미국이 우간다의 난민을 위해 5,700만 달러를 들여 곡물 10만 톤을 구매해서 보낸 적이 있었어요. 그런데 그 돈이라면 현지에서 세 배 많은 곡물을 살 수 있다는 조사결과가 나왔습니다. 또한 미국에서 보낸 식량을 아프리카에서 받으려면 4개월이나 걸렸어요. 그러다 보니 식량이 제때 도착하지 못해 아프리카 남부의 기아 상황이 악화된 적도 있었지요. 구호기관의 관계자들은 아프리카 현지에서 식량을 구입할 경우 기아 난민들이 한 달 내에 더 많은 식량을 받을 수 있다고 밝혔습니다.

철의 삼각형

미국국제개발처의 행정관인 나치오스는 아프리카의 곡물을 구매해서 원조를 하면 좋겠다고 생각했어요. 나치오스는 식량 원조 기금 12억 달러 중 3억

▌ 미국의 식량원조가 대부분 현물원조에 머무는 것은 농민단체와 구호단체, 운송업체가 철의 삼각형을 이루며 동맹하고 있기 때문이다.

달러로 아프리카산 곡물을 구매하자는 현금기부 방안을 의회에 제출했지요. 운송 기간이 짧아지고 비용이 줄어들어 5만 명에게 식량을 더 나눠줄 수 있다는 의견을 덧붙였답니다.

미국의 해외 식량 원조에 영향력을 발휘하는 단체는 세 곳입니다. 식량을 제공하는 농민단체와 식량을 수송하는 운송업체와 식량을 배급하는 구호단체였지요.

우선 농민단체의 반발이 거셌습니다. 현금기부는 미국의 농업에 아무런 도움을 주지 못한다며 반발했지요. 미국의 농작물로 원조를 하는 것은 당연하다고 주장했어요. 오히려 원조식량을 더 많이 구매해 달라고 요구했지요. 운송업체도 현금기부는 경제에 악영향을 미치고 실직자를 만들어 낸다면서 반대했습니다. 구호단체 역시 곤란하다는 입장이었어요. 나치오스의 방안이 통과되면 자기들이 받을 현금이 줄어들지 모른다는 우려 때문이었지요.

식량 원조 기금의 25퍼센트인 3억 달러를 현금으로 기부하자는 나치오스의 방안은 통과되지 못했어요. 의원들이 농민단체와 운송업체와 구호단체의 손을 들어주었기 때문입니다. 세 개의 단체는 철의 삼각형처럼 강력하게 뭉쳐서 현물 원조를 고집했어요. 그들은 가난한 나라에게 호의를 베풀기보다는 자신들의 이익을 지키고 싶었답니다.

농업보조금

2003년에 미국 농민연합은 원조식량을 더 구입해 달라고 정부에 호소했어요. 아프리카에서 굶주리는 사람들이 불쌍해서였을까요? 아니에요. 미국 농민들은 국내시장에서 소비되는 곡물보다 두 배 이상을 생산하고 있었어요.

말리의 목화 재배

말리는 세계은행의 권유로 목화를 재배하기 시작했다. 말리의 목화는 손으로 일일이 따기 때문에 생산비가 적게 들고 품질이 우수해서 국제시장에서 유리했다. 그러나 미국과 유럽과 중국 등 강대국 농민들이 받는 수십억 달러의 보조금은 말리의 목화 농업을 무너뜨렸다.

　세계은행과 IMF는 공동보고서에서 미국이 목화 재배농민에게 보조금을 지급하지 않으면 미국의 목화 생산량이 줄어서 목화의 가격이 오를 것이라고 예상했다. 보고서에 따르면 목화의 가격이 오를 때 아프리카 국가들의 수입은 연간 2억 5천만 달러가량 늘어나게 된다.

따라서 원조식량이야말로 적당한 시세로 곡물을 팔 수 있는 최선의 방법이었지요.

　자칫 손해 볼지도 모르는데 미국의 농민들은 왜 수확량을 자꾸 늘렸을까요? 원조식량 프로그램 때문에 수확량을 늘렸을까요? 사실 미국의 농민들은 정부에 원조식량을 팔지 않더라도 큰 타격을 받지 않는답니다. 바로 농업보조금 때문이었어요. 미국 정부는 이 제도를 통해 자국 농민을 보호했어요. 따라서 농민들은 수확량이 늘어나 가격이 떨어져도 크게 걱정하지 않았어요. 정부에서 보조금을 주었으니까요.

　미국의 부시 대통령은 대외 원조를 3년에 걸쳐 50퍼센트 늘리겠다고 약속했습니다. 그런데 두 달 뒤 농업보조금을 16퍼센트 올리는 법안에 서명을 했어요. 아프리카의 여러 나라는 미국의 위선적인 태도에 분노했습니다. 보나

마나 보조금을 받는 농작물이 싼 가격으로 국제시장에 나올 테니까요. 국제시장의 작물 가격이 떨어진다면 원조를 받는 게 무슨 의미가 있겠어요?

목화와 사탕수수

특히 목화를 재배하는 서아프리카의 농민들은 걱정이 많아졌어요. 아니나 다를까. 말리 정부는 목화 값의 하락으로 3,000만 달러의 손해를 보았어요. 미국이 말리에 원조한 금액은 4,000만 달러였습니다. 한손으로는 말리를 도와주면서 다른 한손으로는 말리의 돈을 빼앗은 셈이지요.

말리 정부는 목화를 해외시장에 팔아야 수입이 생겼어요. 목화의 시세가

▎미시시피 주의 목화밭. 말리의 목화 재배업자들은 대량으로 재배하며 국가에서 농업보조금까지 받는 미국의 목화 재배업자들에게 가격 면에서 상대가 될 수 없었다. 현재 말리의 목화 재배업은 완전히 몰락했다.

생각해 보기

우리나라 농업보조금은 OECD 최하위 수준이다. 2013년 농업인 1인당 보조금 수준이 스위스는 3만 1천달러로 1위인데 우리나라는 618달러였다. OECD평균인 4천달러와 비교해도 형편없는 수준이다. 우리나라의 농업보조금은 이대로 괜찮을까?

떨어지자 말리는 학교를 짓거나 의약품을 들여놓거나 식량을 구입할 수 없었어요. 말리의 경제는 큰 타격을 받았어요. 2005년 이후 말리의 목화 재배업자 중 3분의 1 이상이 농사를 포기했습니다. 목화 값이 하락했기 때문이지요. 더 정확히 따지자면 목화 보조금을 지급하는 미국 때문이었답니다.

미국만 아프리카의 농민들을 괴롭힌 것은 아니었어요. 아프리카의 적도 부근에서는 사탕수수가 무럭무럭 자랐어요. 유럽은 식민지였던 여러 나라로부터 사탕수수에서 나오는 원당을 수입했지요. 그런데 유럽의 사탕무 농민들에게 농업보조금이 지급되기 시작했어요. 농민들이 보조금을 받자 사탕무의 원당 생산량도 늘어났지요. 원당이 해마다 600만 톤 이상 남아돌았습니다. 유럽의 농민들은 이미 보조금을 받았으므로 원당을 아주 싸게 국제시장에 팔았어요. **원당**의 가격은 떨어졌고 아프리카의 사탕수수 농민들은 큰 손해를 보았답니다.

잘 사는 나라들의 모임인 **OECD** 회원국은 1970년부터 가난한 나라에 개발원조금을 지원했어요. 그러나 그들이 자국 농민들에게 지급한 농업

보조금은 개발원조금의 수십 배가 넘었습니다. 이런 보조금 때문에 가난한 나라가 농작물을 수출하여 벌어들이는 돈은 줄어들었어요. 무역으로 손해를 입은 금액이 원조로 받은 돈보다 훨씬 컸기 때문이지요.

전문가 의견

그들은 우리를 자신들이 반드시 구해야 할 어린아이인 줄 착각하고 있다. 그래서 우리를 위한답시고 나서서 해결책을 제시하는 것이다.

– 장클로드 샨다 톤메 카메룬의 변호사이며 저널리스트

집중탐구 범퍼스 수정안

아프리카 빈민국가에 대한 미국의 원조는 계속 늘어났다. 그러니 아프리카 농업개발에 필요한 원조는 줄었다. 예를 들어 농기구와 비료를 보급하거나 농업기술을 지도하는 프로그램은 찾아보기 어렵다.

미국은 농업기술이나 농업정보를 왜 알려주지 않는 걸까? 1986년에 만들어진 '범퍼스 수정안' 때문이다. 이 수정 조항에는 다른 나라가 미국 농민들이 재배하는 농작물과 경쟁관계에 있을 때 그 나라 해당 농작물의 개발을 도와서는 안 된다는 규정이 적혀 있다. 따라서 미국 정부는 말리 농민에게 목화 재배 기술을 알려준다거나 좋은 목화 씨앗을 전해 주는 것을 금지했다. 미국과 말리는 목화 재배에서 경쟁관계이기 때문이었다.

중국의 원조

중국은 2006년에 아프리카 48개국 정상들을 불러서 기분 좋은 정책을 발표했습니다. 2010년까지 원조를 두 배로 늘리고 50억 달러의 아프리카 발전 기금을 마련하겠다는 내용이었어요. 뿐만 아니라 아프리카 48개국의 차관과 부채를 모두 탕감해 주겠다고 밝혔습니다. 그로부터 10년이 지났어요. 중국의 아프리카 원조는 더 활발해졌지요. 2016년에는 아프리카 발전을 위해 3년 동안 600억 달러를 지원하겠다고 약속했어요.

중국은 지부티, 에티오피아, 케냐, 앙골라 등 아프리카 곳곳에 철도를 건설해 주었는데 그 길이가 5,000킬로미터를 넘어섰어요. 우리나라 철로의 총 길이와 맞먹을 정도이니 얼마나 대규모 공사인지 짐작하겠죠? 물론 도로와 댐과 건물도 아프리카 곳곳에 짓고 있답니다.

아프리카는 중국의 원조를 반기면서도 한편으로는 우려의 목소리를 높이고 있답니다. 무엇보다 중국이 만든 도로나 건물은 튼튼하지 않기 때문이죠. 중국이 앙골라에 지어 준 병원은 몇 달 만에 벽에 금이 가서 문을 닫았어요. 잠비아에 건설한 도로는 비가 오자마자 떠내려갔지요. 또한 중국이 지원하는 대규모 차관에 대한 걱정도 큽니다. 차관은 결국 아프리카 정부들이 갚아야 할 채무이니까요.

그뿐만이 아니에요. 중국은 아프리카에서 공사를 할 때 원자재와 건설기계는 물론이고 노동자들까지 본국에서 데려갔어요. 그렇다 보니 정작 일자리가 필요한 아프리카인들은 손 놓고 구경만 할 뿐입니다. 게다가 중국 노동자들은 일이 끝나도 본국으로 돌아가지 않고 아프리카에 머무르고 있어요. 이들 **불법체류자**들은 중국에서 수입한 저가의 제품으로 아프리카의 골

목 시장을 공략하고 있답니다. 중국인이 아프리카의 지역 경제를 위협하는 셈이지요. 예를 들자면 중국의 값싼 의류제품 때문에 남아프리카공화국의 의류산업은 큰 타격을 받았어요. 800개의 공장이 문을 닫고 6만여 명의 실직자가 생겨났답니다.

중국의 자원착취

중국은 아프리카의 원유와 광물 등 지하자원에 관심이 많습니다. 중국이 경제성장을 하려면 반드시 필요한 자원이니까요. 그렇다 보니 원조의 대가로 지하자원을 요구할 때가 많습니다. 몇몇 학자들은 중국이 아프리카 원조를 내세워 '자원 착취'를 하고 있다고 지적합니다.

2010년 이후로 중국이 미국을 제치고 아프리카 최대의 무역 상대국이 되

사례탐구 잠비아 광산

잠비아의 참비시 광산은 오래된 광산으로 중국의 국영기업이 인수해서 2003년에 다시 문을 열었다. 지역 주민들은 처음에는 중국 기업을 반겼지만 얼마 지나지 않아 분노하기 시작했다. 열악한 작업환경과 낮은 급료 때문이었다. 근로자는 안전모나 고글 등 장비를 보급 받지 못했으며 휴일을 쓸 수 없었다. 급료는 최저임금에도 미치지 못했다. 그러다 2005년에 대형 폭발사고로 50명의 아프리카 근로자가 목숨을 잃었고 광산은 문을 닫았다. 잠비아인은 중국의 광산 운영자가 아프리카 근로자를 노예처럼 부린다며 중국의 투자에 부정적인 입장을 보였다. 최근에는 중국의 행태에 분개한 아프리카 근로자들이 중국인 상점을 약탈하는 등 폭동을 일으키기도 했다.

었습니다. 그런데 중국의 아프리카 수입품을 살펴보면 석유가 60퍼센트 이상을 차지하고 있습니다. 20퍼센트는 광물이고요. 아무래도 중국이 자원을 확보할 목적으로 아프리카를 원조한다는 주장에 고개가 끄덕거려집니다.

아프리카의 어느 경제학자는 10년 동안 아프리카로 온 중국인들이 과거 400년 동안 아프리카에 온 유럽인보다 더 많다고 밝혔습니다. 건설뿐만 아니라 식당과 잡화점과 약국과 텔레콤기술 분야까지 중국인이 진출했습니다. 중국인이 아프리카로 몰리는 이유는 무엇일까요? 바로 돈을 벌기 위해서입니다. 중국은 과연 아프리카에 이익이 될까요? 아니면 피해를 끼치게 될까요? 중국이 내미는 원조의 손길이 어느 한순간에 착취의 손길로 바뀔까봐 많은 사람들이 걱정하고 있습니다.

간추려 보기

- 미국 해외 원조의 원칙은 현물지원이다. 미국에서 재배한 식량으로만 원조해야 한다는 식량원조법 때문이다. 식량원조법은 사실 미국의 농민과 운송업자를 위한 정책이다.
- 미국의 해외 원조는 철의 삼각형인 농민단체와 운송업자와 구호단체의 영향력을 받는다.
- 강대국은 농업보조금을 통해 농민을 보호한다. 농업보조금을 받지 못하는 개발도상국의 농민들은 경쟁에서 밀려나고 만다.
- 미국의 범퍼스 수정안은 경쟁관계의 개발도상국에 농업기술이나 농기계의 지원을 금지하고 있다.
- 중국의 해외 원조는 최근 몇 년 동안 급격하게 늘어났는데 자원착취라는 우려의 목소리도 높다.

지속가능한 원조

몇몇 학자들은 더 많은 원조의 필요성을 강조합니다. 반면에 원조를 줄여야 아프리카
가 살 수 있다고 주장하는 학자들도 있답니다. 그런데 양쪽 모두 동의하는 부분이 있
습니다. 아프리카에 대한 원조가 실패했다는 점이지요. 원조가 성공하려면 어떻게 되
어야 할까요?

모든 원조가

좋은 결과를 가져오지는 않습니다. 이기적이거나 잘못된 원조는 상황을 악화시킵니다. 아프리카에 필요한 것은 좋은 원조입니다. 바로 지속 가능한 원조이지요. 아프리카는 자립을 원합니다. 그러려면 신발이나 옷처럼 한 번으로 끝나는 일회성 원조보다 농기계처럼 생활을 개선시켜 줄 지속 가능한 원조가 필요하답니다. 식량이나 생필품만으로는 발전적인 삶을 기대할 수 없기 때문이죠.

그런데 트랙터와 좋은 씨앗과 농업기술을 지원해 주면 어떻게 될까요? 농작물을 팔아서 아이들을 학교에 보내거나 가축을 구입해 소득을 늘릴 수 있

전문가 의견

아프리카 원조 활동은 합리적이거나 효율적이지 못하다. 서구의 정부와 기관은 아프리카를 제대로 이해하지도 못한 채 도우려고 했다.

– 조지 아이티 아메리칸대학교 경제학 교수

습니다. 내일은 더 나아지리라는 희망을 품으면서요.

이제 아프리카는 지속가능한 원조를 바랍니다. 물론 굶주린 곳에는 식량도 필요합니다. 그런데 농기구를 주면 식량을 재배할 수 있으니 더 나은 미래를 꿈꿀 수 있습니다. 거기서 한걸음 나아가 농기계 공장을 세워 준다면 훨씬 바람직하겠지요. 주민들이 노동자가 되어 급료를 받는 동시에 기술까지 배울 수 있으니까요.

세계식량계획

커다란 나무 뒤 학교 주방에서 김이 모락모락 피어올랐습니다. 장작불이 타오르고 대형 솥에서 급식용 죽이 끓고 있었지요. 여섯 살 코흘리개 아이부터 열여섯 살 청소년까지 학생들이 죽을 받아갔습니다. 대부분의 학생들은 죽이 그날 먹는 유일한 음식이었어요. 구호기관인 세계식량계획에서는 말라위 전체의 학교에 이처럼 급식을 나눠주었습니다.

사실 아프리카 학교 급식은 오래전부터 진행해 왔습니다. 매일 제공되는 학교급식은 두 가지 효과를 거두었지요. 우선 식량이 부족한 지역의 아이들

전문가 의견

우리에게 식량을 원조하려는 국가들에게 식량 대신 농기구를 달라고 요구해야 합니다.

— 존슨 설리프 라이베리아 대통령

에게 영양을 공급했습니다. 두 번째는 학생들의 출석률을 높여 주었습니다. 가난한 부모들이 아이들을 선뜻 학교로 보냈거든요. 식량을 조금이라도 줄이려는 목적이었지요. 극빈층 아이들은 옥수수를 배급 받아 갔으므로 가족에게 경제적 보탬도 되었습니다. 급식을 시작한 이후 초등학교 출석률은 두 배로 늘어났습니다.

번영을 위한 구매

그런데 학교 급식의 장점이 하나 더 생겼습니다. 지역 농민의 소득에 보탬이 되었거든요. 말라위를 예로 들자면 세계식량계획은 학교 급식에 들어가는 곡물 중 80퍼센트를 말라위 농민들로부터 구입했습니다. 세계식량계획의

▌ 아프리카 케냐 루싱가 섬의 어느 학교에서 아이가 급식을 먹고 있다.

'번영을 위한 구매' 프로그램 덕분이었지요. '번영을 위한 구매'는 조그만 논밭을 일구는 농민 35만 명에게 5개년에 걸쳐 혜택을 주자는 목적으로 2008년에 시작되었어요. 그 결과 아프리카의 남아도는 곡물을 구입하여 학생들에게 급식으로 나눠주게 되었습니다. 예전의 학교 급식은 미국이나 프랑스의 곡물로 만들었지요. 그런데 '번영을 위한 구매'프로그램을 시행하면서 지역 농민이 생산한 곡물을 학교 급식으로 이용하게 되었어요.

남수단의 농민은 옥수수를 팔아 돈을 번다는 현실이 믿기지 않는다며 활짝 웃었습니다. 세계식량계획에서 합리적인 가격으로 옥수수를 구입해 주었기 때문이지요. 옥수수를 팔기 시작하면서 밭의 크기도 다섯 배로 늘렸습니다.

우간다의 농민 역시 걱정이 사라졌습니다. 예전에는 농작물의 가격이 떨어지면 손해를 보고 팔아야 했습니다. 비료 값이나 씨앗 값이 안 되는데도 눈물을 머금고 농작물을 상인에게 넘겼지요. 그런데 세계식량계획은 약속한 가격으로 농작물을 구매해 주니 걱정을 덜었답니다.

'번영을 위한 구매' 프로그램은 5년 동안 총 10억 달러에 이르는 농작물을 구매했습니다. 게이츠 재단은 아프리카 10개국에서 이 프로그램이 시작되도록 6,600만 달러를 투자했어요. 빌 게이츠는 이 프로그램이야말로 아프리카 빈곤층 수백만 가구에 도움을 줄 수 있는 지속가능한 원조라고 말했습니다.

케어

국제적인 구호단체 케어는 아프리카 빈곤층의 자립을 대단히 중요하게 여깁니다. 따라서 미국 정부가 구호단체에게 제공하는 현물원조를 2008년부터 거부했습니다. 미국 정부는 국제적인 구호단체에게 현금 대신 콩이나 옥

케어(CARE International)는 세계 빈곤 퇴치를 위한 인도주의적 기구이다. 전세계 50만 명 이상의 빈곤층을 위해 세계 각지 65개국에서 활동한다. 1946년 5월에 설립된 케어의 목적은 빈곤층의 자립 및 경제 활동의 기회 제공이다. 또한 자연재해나 전쟁 등의 위기상황에서 응급기관으로 활동하기도 한다.

특히 케어는 빈곤 국가에서 여성과 아동이 가장 큰 피해자라는 점에 주목한다. 따라서 여성과 아동의 기초교육과 에이즈 확산 방지, 경제적 자립 등을 위해 여러 가지 사업을 진행한다. 현재 '마을금고 및 대출' 프로그램을 통해 여성들은 가내수공업이나 농작물 재배 등 갖가지 경제 활동에 참여하고 있다. 이 프로그램은 24개국에서 진행 중이며 약 300만 명이 혜택을 보고 있다.

수수 등 곡물을 지원했습니다. 케어는 미국의 농작물을 현지에서 팔아 활동비로 쓰는 일이 그 지역 주민들의 자립할 기회를 뺏는다고 생각했습니다. 미국의 농작물이 아프리카 현지에서 싼 가격으로 팔리면 어떻게 될까요? 현지 농민들은 농작물 재배를 포기하고 원조식량에 의존할 수밖에 없답니다. 아무리 좋은 의도라도 나쁜 결과를 가져온다면 다시 고려해야 한다는 것이 케어의 주장입니다.

케어는 특히 여성의 경제 활동을 적극적으로 지원합니다. 아프리카에서는 여성이 안정적인 소득을 얻기가 무척 어렵기 때문이지요. 따라서 17만 달러를 투자하여 백케어라는 작은 회사를 차렸습니다. 백케어는 농민들에게 파인애플을 대형마켓의 기준에 맞춰 재배하도록 지도했습니다. 파인애플이 알맞은

사례탐구 탐스 슈즈

미국 회사인 탐스 슈즈는 기발한 아이디어로 소비자의 마음을 사로잡았다. 소비자가 신발 한 켤레를 사면 다른 한 켤레를 빈곤국에 기부한다는 아이디어였다. 7년이 지나자 탐스 슈즈가 빈곤 국가의 아이들에게 나눠준 신발은 1,000만 켤레가 넘었다. 탐스 슈즈의 행동은 커다란 호응을 일으켰다. 그런데 뜻밖에도 탐스 슈즈를 비난하는 의견이 등장했다. 몇몇 연구가들에 따르면 탐스 슈즈가 빈곤 국가의 경제를 위협한다는 것이다.

탐스 슈즈는 왜 그런 비난을 받았을까? 아프리카 대륙의 아이가 탐스 슈즈를 한 켤레 받았다고 상상해 보자. 그 아이의 아버지가 아프리카의 신발 공장에서 일을 한다면 어떻게 될까? 공짜 탐스 슈즈 때문에 신발이 안 팔리므로 공장이 문을 닫을 테니 아이의 아버지는 일자리를 잃게 될 것이다.

▌ 탐스 슈즈의 홈페이지.

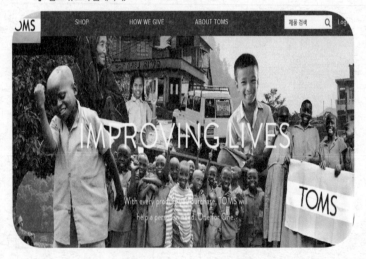

탐스 슈즈는 그런 문제를 해결하려고 고민했다. 그 결과 판매용 신발은 계속 중국에서 생산하고 기부용 신발은 아프리카나 남아메리카에서 생산하기 시작했다. 단순 기부를 넘어 지역경제를 살리는 쪽으로 선회한 것이다. 케냐와 에티오피아 등 공장이 들어선 곳은 주민들의 일자리가 생기자 활기를 띠었다. 주민들은 경제적으로 자립할 기회를 얻었을 뿐만 아니라 제조기술까지 배우게 되었다. 탐스 슈즈를 통해 일회성 원조가 어떻게 지속가능한 원조로 바뀌었는지 알 수 있다.

크기로 자라나면 농민들에게서 합리적인 가격으로 구매했지요. 그리고 파인애플을 10시간 거리에 있는 나이로비의 대형 마켓으로 운반했습니다. 농민들을 대신해서 파인애플을 판매해 주는 셈이었어요.

예전에 농민들은 터무니없이 싼 가격으로 파인애플을 팔았습니다. 그런데 백케어 덕분에 보다 합리적인 가격으로 거래하게 되었습니다. 고아가 된 조카들을 여럿 돌보는 어느 여성은 하루 수입이 2달러에서 3달러로 늘어났습니다. 조카들은 매일 아침 우유를 먹게 되었습니다.

원에이커펀드

원에이커펀드(One Acre Fund)는 한인 2세인 윤수현이 아프리카 농민을 돕기 위해 세운 사회적 기업입니다. 농민들에게 농업기술과 자금과 농기구를 지원해 주고 있어요. 기부 물품을 전달하고 끝나는 것이 아니라 지속가능한 방식으로 도움을 주는 셈이지요.

원에이커펀드의 관리자들은 농민들과 이야기를 나눈 결과 농기구나 씨앗만 제공해서는 안 된다고 생각했어요. 농민들은 농기구 사용법이 서툴렀으며 씨앗에 대한 지식도 부족했거든요. 또한 수확한 작물을 시장에 팔 수 있는 정보도 전혀 없었어요. 따라서 원에이커펀드는 농기구와 농업자금뿐만 아니라 농업기술과 시장정보까지 농민들에게 제공하고 있습니다.

인물탐구 **윤수현**

미국에서 자란 한인 2세로 미국 이름은 앤드루 윤이다. 예일대학교를 우등으로 졸업하고 노스웨스턴대학교에서 경영학 석사를 받았다. 졸업 후 보스턴에서 컨설턴트로 일하며 꽤 높은 소득을 올렸다. 그렇지만 학창시절 아프리카의 빈곤층을 보았을 때 받은 충격을 잊지 못해 2006년 빈곤 퇴치 사업에 뛰어들었다. 윤수현이 케냐를 방문했을 때 한 농가는 1에이커 당 2톤의 곡물을 거두었다. 이웃집의 수확량은 4분의 1이었다. 두 집의 형편이 달랐던 이유는 간단했다. 한 집은 좋은 씨앗과 비료를 썼고 다른 집은 그러지 못했던 것이다.

윤수현은 자기 돈 7,000달러를 털어 원에이커펀드를 설립한 뒤 40개 농가에 대출을 해 주었다. 농민들은 대출금으로 씨앗과 농기구를 구입했다. 농사를 시작할 때면 원에이커펀드의 농업전문가가 여러 가지 정보를 알려 주었다. 그 결과 농민들의 수확량은 크게 늘어났다. 농민들은 농작물을 팔아 대출금을 갚는데 상환 비율이 90퍼센트에 이른다.

원에이커펀드는 2020년까지 농민들에 대한 지원 규모를 현재의 3배로 늘리려고 한다. 원에이커펀드가 이처럼 크게 성장한 이유는 무엇일까? 대부분의 국제구호단체들은 뉴욕이나 나이로비 등 대도시에 자리 잡고 있다. 그러나 원에이커펀드는 농촌에서 농민들과 함께 생활하며 더 나은 농업기술과 정보를 제공하려 노력한다. 바로 그런 점이 원에이커펀드의 성공 비결이다.

원에이커펀드에 가입한 케냐의 농민들은 예전보다 두 배 이상의 소득을 얻었어요. 농민들은 늘어난 소득으로 가족을 먹여 살리고 아이들을 공부시키며 가축을 샀답니다. 더 나아가 새로운 목표를 세우기 시작했어요. 튼튼한 집을 짓거나 옥수수 **제분기**를 사서 가공식품을 만들어 팔겠다는 목표였지요. 아이들을 위한 학교를 세우고 싶다는 농민도 생겼습니다. 원에이커펀드는 아프리카의 악몽을 희망으로 바꿔주는 원조라고 할 수 있어요.

원에이커펀드는 설립한 지 10년 만에 40만 가구를 지원하게 되었어요. 그 결과 약 200만 명이 빈곤에서 벗어났습니다.

바람직한 원조

아프리카는 60년 가까이 원조를 받았지만 여전히 가난합니다. 몇몇 학자들은 더 많은 원조의 필요성을 강조합니다. 반면에 원조를 줄여야 아프리카가 살 수 있다고 주장하는 학자들도 있답니다. 그런데 양쪽 모두 동의하는 부분이 있습니다. 아프리카에 대한 원조가 실패했다는 점이지요. 원조가 성공하려면 어떻게 되어야 할까요?

원조가 달라져야겠지요. 그런데 원조의 규모가 아니라 방향이 달라져야 합니다. 방향에 따라 잘못된 원조와 좋은 원조로 나뉘기 때문이지요. 독재정부의 권력자에게 제공된 수백억 달러의 자금은 잘못된 원조겠지요. 권력자의 독재를 유지시키고 나라를 빈곤에 빠트리기 십상이니까요. 단돈 1달러의 구충제로 아이들의 학교 결석률이 뚝 떨어졌다면 그것은 당연히 좋은 원조입니다. 가난하고 병든 아이들에게 쓰였기 때문이지요.

원조의 목표는 정부나 사회의 개선이 아닙니다. 개개인의 더 나은 삶입니다. 외딴 마을의 소녀를 학교에 보내주거나 도시의 병든 빈민을 치료해 주어야 합니다. 무엇보다 그들이 미래를 꿈꿀 수 있도록 지속가능한 원조를 제공해야 합니다. 항생제와 예방접종, 개량된 종자, 농기구, 비료, 교과서, 기술교육, 도로, 공장 등이야말로 지속가능한 원조에 해당합니다. 빈곤층이 원조에 의존하게 만드는 물품이 아니니까요.

2011년 아프리카개발은행은 〈50년 후의 이프리키〉라는 제목의 보고서를 발표했습니다. 보고서에서는 2060년에 아프리카의 중산층이 42퍼센트로 늘어날 것이라고 전망했습니다. 아프리카개발은행의 전망이 이뤄지도록 바람직하고 지속가능한 원조가 더 많아져야겠습니다.

간추려 보기

- 한 번으로 끝나는 원조는 가난을 지속시킬 뿐이다. 아프리카에 희망을 주는 것은 지속가능한 원조다.
- 세계식량계획과 케어와 원에이커펀드는 아프리카 주민의 자립을 위해 노력한다. 주민들이 경제활동을 통해 소득을 얻도록 도와준다.
- 60년 동안 이뤄진 아프리카 원조는 실패했다. 원조의 규모보다 원조의 방향이 중요하다.

미래의 원조

만약 아프리카인들을 노예로 잡아가지 않았더라면, 만약 아프리카가 식민 지배를 받지 않았더라면, 만약 신자유주의가 아프리카에서 시행되지 않았더라면, 아프리카는 지금보다 자유롭고 안전하며 풍족한 대륙이었을 것입니다. 무엇보다 과거의 원조가 성공했더라면 아프리카는 지금처럼 가난하지 않았겠지요. 그렇다면 아프리카를 진정으로 도와 줄 미래의 원조는 무엇일까요?

아프리카는 가난합니다. 지금껏 엄청난 규모의 원조를 받았는데도 여전히 가난의 굴

레에서 벗어나지 못하고 있답니다. 몇몇 학자들은 그 모든 상황을 순전히 아프리카의 탓으로 돌렸지요. 그러나 냉철하게 따져보면 다른 곳에서도 원인을 찾아 볼 수 있습니다. 바로 서구 열강의 탐욕과 간섭입니다. 그리고 무분별한 원조도 아프리카 빈곤의 원인으로 꼽습니다.

역사에 만약은 없습니다. 과거에 일어난 사건은 되돌릴 수 없기 때문이지요. 그렇지만 가끔 일어나지 않은 과거를 상상할 때가 있답니다. 만약 아프리카인들을 노예로 잡아가지 않았더라면, 만약 아프리카가 식민 지배를 받

전문가 의견

서구는 자신들이 세계를 구할 수 있다는 오만을 버리고 빈민들 스스로 발전을 이뤄낼 수 있도록 도와야한다

— 윌리엄 R. 이스털리 뉴욕대학교 경제학과 교수

지 않았더라면, 만약 신자유주의가 아프리카에서 시행되지 않았더라면, 아프리카는 지금보다 자유롭고 안전하며 풍족한 대륙이었을 것입니다. 무엇보다 과거의 원조가 성공했더라면 아프리카는 지금처럼 가난하지 않았겠지요. 그렇다면 아프리카를 진정으로 도와 줄 미래의 원조는 무엇일까요?

세계의 절반이 겪는 가난

2001년 9월 11일, 전 세계를 경악하게 만든 사건이 미국 뉴욕에서 발생했습니다. 이슬람 테러 단체가 넉 대의 민간 항공기를 납치하여 워싱턴 국방부 건물과 세계무역센터 건물에 충돌시켰거든요. 자살 테러를 벌인 것이지요. 그 결과 90여 개국 3,500여 명의 사람들이 목숨을 잃었지요.

▌ 9/11 메모리얼 파크. 2001년 9월 11일에 벌어진 이 테러 사건은 세계화에 대한 경각심과 함께 인류의 공존 방식에 대한 깊은 성찰을 불러 일으켰다.

미국은 9.11사건을 테러리즘이라고 못박았습니다. 그리고 아프가니스탄과 이라크를 테러 국가로 지목하여 침공했어요. 폭탄을 터트리고 미사일을 발사하며 9년 동안 전쟁 비용으로 7,700억 달러를 쏟아 부었지요. 세계의 지성인들은 미국을 비난했습니다. 테러의 근본 원인이 빈곤에 있는데 무력으로 테러를 막으려고 한다면서요. 또한 빈곤을 해결하지 않으면 테러는 앞으로도 계속 될 것이며 누구라도 피해를 입을 수 있다는 점을 강조했습니다.

오늘날 전 세계는 하나의 공동체입니다. 어느 한 지역이 기아와 질병으로 고통 받는 순간 멀리 떨어진 곳의 평화와 안전도 위태로워집니다. 가슴 아픈 911사태가 다시 벌어지지 않으려면 세계의 절반이 겪는 가난을 함께 해결해야 합니다. 우리가 아프리카의 빈곤에 주목해야 하는 또 하나의 이유이지요.

아프리카를 변화시키는 원조

아프리카는 아직 홀로 설 힘이 없으므로 도움을 필요로 합니다. 그런데 정부나 기관에서 일방적으로 지원하는 프로그램은 실패할 확률이 크답니다.

상황에 맞지 않거나 현실과 동떨어진 원조가 되기 쉬우니까요.

예를 들어 아이들을 제대로 공부시키기 위해서는 학교가 필요합니다. 그런데 학교만 덜렁 지어놓고 손을 떼면 어떤 일이 벌어질까요? 정상적으로 수업이 이뤄지지 못할 가능성이 높습니다. 옥수수 몇 개로 하루를 버텨야 하는 아이들로서는 건물이 아무리 훌륭하더라도 먼 길을 걸어 학교로 나오기가 힘드니까요. 그래서 나이지리아의 어느 학교는 무료 급식을 실시했어요. 아이들의 출석률은 두 배로 훌쩍 뛰었습니다. 핏기 없던 아이들의 얼굴에는 생기가 돌았지요. 케냐의 어느 지역에서는 몇 달을 학교에 다녀도 간단한 셈도 못하는 아이들이 많았어요. 알고 보니 대다수의 아이들이 공책이나 연필은커녕 교과서도 없이 수업을 들었다는군요. 교과서를 지급하자 아이들의 성적이 큰 폭으로 향상되었습니다.

무료 급식이나 교과서 지급은 아프리카를 바람직하게 변화시키는 원조입니다. 교육을 통해 빈곤의 악순환을 끊을 수 있으니까요. 이처럼 원조가 좋은 결과를 낳으려면 도움을 필요로 하는 사람들의 처지까지 헤아려야 합니다.

아프리카의 희망

계속 증가하는 인구도 성장의 중요한 요소입니다. 몇몇 전문가들에 따르면 40년 뒤에는 아프리카의 인구가 지금의 두 배로 늘어난다는군요. 더구나 아프리카는 젊은 층의 비율이 가장 높은 대륙입니다. 풍부한 인적자원은 아프리카의 장점으로 꼽습니다.

그 결과 투자자들이 아프리카로 향하고 있습니다. 2016년에 프랑스의 금융 그룹은 8,300만 달러를 투자했고요. 미국의 은행과 통신 기업은 2억 4500만

▌아프리카 케냐의 학교 풍경. 공책, 연필, 교과서 급식 등. 아프리카의 학교 중에는 기본적인
물품조차 제대로 지급되지 않는 곳이 여전히 많다. 빈곤의 해결책은 원조와 적선이 아니라
투자와 기회다.

달러를 투자했어요. 이처럼 늘어나는 투자 자금은 아프리카 시장의 성장 가
능성을 짐작하게 합니다.

아프리카의 기업 중에는 신기술을 선보이는 곳도 있습니다. 케냐는 전기
공급이 제대로 이뤄지지 않는 곳입니다. 그래서 우샤히디라는 기업이 태양열
와이파이 기기를 제작했습니다. 이 기기는 미국과 남미를 비롯해 아시아 45개
나라로 수출되고 있어요.

투자가 이뤄지고 신기술이 개발될 때 아프리카의 미래는 희망이 됩니다.
건전한 투자와 창의적인 기술개발이야말로 아프리카의 발전을 약속하기 때
문이지요.

서구 열강의 거듭된 잘못으로 빈곤의 덫에 빠졌던 아프리카. 이제 아프리카는 기나긴 고통의 터널에서 벗어나려고 합니다. 세계 각국은 무분별한 원조와 무의미한 적선을 멈춰야 합니다. 그리고 건전한 투자와 적절한 기회를 제공해야 합니다. 빈곤의 해결책은 원조와 적선이 아니라 투자와 기회이기 때문이지요.

간추려 보기

• 오늘날 전 세계는 하나의 공동체이기 때문에 어느 한 지역의 빈곤과 질병이 멀리 떨어진 곳의 평화와 안전을 위협할 수 있다.
• 원조가 좋은 결과를 낳으려면 도움을 필요로 하는 사람의 처지를 헤아려야 한다.
• 빈곤의 해결책은 원조와 적선이 아니라 투자와 기회다.

용어 설명

공적개발원조 선진국의 정부나 공공기관이 개발도상국가의 발전을 위해 제공하는 무상원조 및 유상원조. 유상원조는 차관의 형식으로 제공되며 이자와 원금을 갚아야 한다.

관개시설 논이나 밭에 물을 대도록 만들어 놓은 인공 시설.

구조조정 기업이나 기관의 산업구조가 보다 효율적으로 경영되게끔 개선하는 작업. 성장할 가능성이 없는 분야를 폐지하거나 직원을 줄이는 형식으로 진행한다.

기근 Famine. 유엔식량농업기구(FAO)의 통합식량안보단계 분류 중 최고 단계. 20% 이상의 가정이 거의 완전한 식량 결핍 상태에 처해 있어 기아, 사망, 극빈이 극명하게 발생하는 상태를 말한다.

기대수명 출생자가 출생 직후부터 생존할 것으로 기대되는 생존 연수.

냉전시대 제2차 세계대전 이후 자유주의를 지향하는 미국 중심의 국가들과 사회주의로 기울어진 소련 중심의 국가들 사이의 대립으로 긴장감이 조성된 시기이다.

농업보조금 농업 분야에 들어가는 정부의 각종 정책지원금을 말한다. 각 농가에 대한 지원뿐 아니라 농업 전반에 걸쳐 투입되는 지원까지 농업보조금에 해당한다. 농산물 최저가격 보장, 농기계 지원 등의 정책을 들 수 있다.

다국적기업 세계 곳곳에 지사나 공장 등을 확보하고 생산이나 판매활동을 국제적 규모로 수행하는 기업. 세계기업이라고도 한다. 다국적기업 형태의 회사로는 코카콜라, IBM, 맥도날드, 코스트코 등이 있다.

도로망 그물처럼 이리저리 얽힌 도로의 체계.

미국국제개발처 USAID, 미국의 대외원조를 담당하는 독립행정기관이다. 1961년 해외원조법이 통과된 후 존 F. 케네디 대통령의 행정명령을 통해 설립되었다.

보호주의 외국으로부터 싸고 좋은 상품이 대량으로 들어와서 지국의 산업이 경쟁할 수 없을 때, 어떻게든 자국의 산업을 보호하려는 생각이나 방침을 가리킨다. 정부는 그 수단으로 외국상품에 대해 높은 관세 등을 부과한다.

불법체류자 약속한 기간과 목적을 지키지 않고 머물고 있는 외국인. 주로 취업비자를 받지 않고 머무는 외국인이나 체류기간을 넘겨서 머무는 외국인을 가리킨다.

사하라 이남 아프리카 사하라를 기준으로 나뉜 사하라 북부 아프리카와 사하라 이남 아프리카는 문화와 종교와 언어가 다르다. 사하라 북부 아프리카는 아랍 민족의 나라이므로 '아랍 북아프리카'라는 명칭도 사용한다.

새천년정상회의 세계 187개국 정상과 정부 대표들이 새로운 천년을 맞이하여 인류에게 펼쳐질 미래에 대해 토론하려고 모임을 가졌다.

세계은행 IBRD, 개발도상국에 자금을 지원하며 개발을 도와주는 기구이다. 제2차 세계대전 이후 폐허로 변한 국가들을 지원하기 위해 만들었다.

세이브더칠드런 Save the Children, 전 세계 빈곤아동을 돕는 세계 최대 규모의 국제기구이다.

영유권 한 나라가 일정한 영토와 관련된 문제를 처리할 수 있는 권리.

원당 원료당, 설탕의 원료.

유럽 열강 유럽의 여러 강한 나라들. 국제문제에서 큰 역할을 담당한다.

유엔난민기구 UNHCR, 각국 정부나 유엔의 요청에 따라 난민들을 보호하고 돕기 위해 설립된 유엔의 전문기구. 1950년에 스위스 제네바에서 설립되었으며 1954년과 1981년에 노벨평화상을 수상했다.

유엔평화유지군 유엔군이라고 불리며 국제평화를 유지하기 위해 유엔회원국들의 병력으로 구성된 군대를 뜻한다. 1950년 한국전쟁 때 처음으로 조직되어 한국에 파견되었다.

플랜테이션 서양인이 자본과 기술을 앞세워 원주민이나 이주노동자의 값싼 노동력을 이용하는 농업 방식. 고무나무, 커피, 카카오 등 한 가지 작물을 대규모로 재배하는 기업적 농업이다.

인적자원 사람의 노동력을 생산 자원의 하나로 간주하여 이르는 말.

인플레이션 시중에 돈이 늘어나 화폐 가치가 떨어지고 물가가 올라 국민의 실질 소득이 줄어드는 현상. 즉 상품이나 서비스 등 물가 수준의 상승이 계속되는 상황을 가리킨다.

자위대 제2차 세계대전을 일으킨 일본이 평화헌법에 따라 어떤 군대도 보유하지 않겠다고 약속한 뒤 1954년 자국의 치안유지를 위해 만든 조직.

적정기술 낙후된 지역이나 소외된 계층을 배려하여 만든 기술. 해당 지역의 환경이나 경제 여건에 맞도록 만들어낸다. 많은 돈이 들지 않고 누구나 쉽게 배워 쓸 수 있으며 그것을 사용하는 사람들의 사정에 맞는 기술이다.

제분기 곡식을 가루로 만드는 기계.

차관 정부 또는 공공기관으로부터 자금이나 상품을 꾸어오는 일을 가리킨다. 3년 이상 오랜 기간 빌려오는 경우가 많다.

IMF 국제통화기금. 외화 부족이나 신용 하락으로 외화를 빌릴 수 없는 국가에게 단기 자금을 제공하여 세계 경제를 안정시키고자 설립된 국제 경제기구. 구제 금융을 받는 나라의 경제 분야에 지나치게 간섭한다는 비판을 받기도 한다.

OECD Organization for Economic Cooperation and Development, 경제협력개발기구. 정책협력을 통해 회원국끼리 경제사회발전을 함께 이뤄나가며 세계 경제문제를 공동으로 풀어가자는 정부 사이의 협력기구이다. 총 35개국이며 우리나라는 1996년에 29번째 회원국으로 가입했다.

연표

1884년   베를린회의에서 유럽의 열강들이 아프리카 대륙에 국경선을 긋고 나누어 가졌다.

1947년   미국이 국무장관이던 조지 마셜의 제안에 따라 5년 동안 서유럽 16개 나라에게 120억 달러를 지원했다.

1958년   전체 아프리카 대표들이 아프리카국민의회에 모여 아프리카의 해방과 통일을 추진하고자 조직을 설립했다.

1960년   17개국(모리타니, 말리, 니제르, 세네갈, 토고 등)이 한꺼번에 독립하여 아프리카의 해라고 부르게 되었다. 약 1억 달러를 원조 받았다.

1965년   오늘날 아프리카 국가의 절반이 독립했다. 원조액은 약 10억 달러에 이르렀다.

1973년   제1차 석유파동의 발생으로 식료품과 공산품의 가격이 치솟았다.

1975년   미국이 국제개발및식량지원법을 통과시켰다. '평화를 위한 식량 프로그램' 기금의 75퍼센트를 1인당 국민소득이 300달러 이하인 국가들에게 지원하도록 규정하는 법이다.

1979년   제2차 석유파동이 일어나서 아프리카의 빈곤구제 기금이 두 배로 늘어났다.

1982년	아프리카 11개국(앙골라, 카메룬, 통고, 아이보리코스트, 가봉, 감비아, 모잠비크, 니제르, 나이지리아, 탄자니아, 잠비아)이 채무불이행을 선언했다. IMF는 아프리카에 80억 달러를 지원했으며 1년 뒤에는 120억 달러로 늘렸다. 대신 강도 높은 구조조정을 요구했다.
1985년	밥 겔도프가 라이브 에이드 행사로 2억 달러를 모아서 에티오피아 구호금으로 전달했다.
1991년	냉전의 종식으로 미국과 소련이 경쟁하듯 제공하던 원조는 서서히 막을 내렸다.
1992년	아프리카 공적개발원조가 170억 달러까지 늘어났다가 1999년 120억 달러로 떨어졌다.
1996년	미국은 예산절감 방안으로 아프리카 원조를 20퍼센트 삭감하겠다고 발표했다.
2000년	새천년정상회의에서 전 세계 정상들이 모여 아프리카 원조금액을 국민소득의 0.7퍼센트까지 늘려가기로 약속했다.

2005년	주요 8개국 정상회의(G8)가 열렸다. 아프리카의 빚을 모두 없애주고 2010년까지 원조를 두 배 늘리자고 합의했다.
2006년	중국은 아프리카 48개국의 차관과 부채를 모두 탕감해 주었다. 2010년까지 50억 달러의 발전기금을 마련하겠다고 약속했다.
2016년	중국은 아프리카 발전을 위해 3년 동안 600억 달러를 지원하겠다고 발표했다.
2017년	미국의 트럼프 정부는 아프리카 원조 예산을 80억 달러에서 52억 달러로 줄였다. 특히 에이즈 감염자를 위한 의약품 구입 금액을 대폭 삭감했다.

더 알아보기

유엔세계식량계획(WFP) ko.wfp.org

우리 세대에 기아를 퇴치한다는 뜻의 제로 헝거(Zero Hunger)를 사명으로 하는 세계 최대 규모의 구호기관이다. 1961년에 창립된 이래 긴급구호상황이 발생할 때마다 식량을 제공하여 생명을 구한다. 15,000여 명의 직원들이 세계 곳곳에서 일하며 그중 90퍼센트는 현장에서 직접 사람들을 돕는다.

희망의 망고나무 www.himango.org

아프리카 빈곤 지역 주민의 자립을 지원하는 한국 국적의 국제구호기관으로 외교통상부에 등록되어 있다. 남수단 톤즈 주민들에게 망고나무 묘목을 나눠 준다. 지금까지 4만 그루의 묘목을 톤즈 곳곳에 심었다. 또한 직업교육을 통해 자립을 돕는 지속가능한 원조를 실천하고 있다. 남성 직업교육학교에서는 목공과 관련된 수업을 진행하며 여성 직업교육학교에서는 재봉 교육을 시행하고 있다.

아프리카미래전략센터 www.africacenter.kr

아프리카에 대한 정책을 연구하며 아프리카 여러 나라와 교류 및 협력을 강화하기 위해 2005년에 외교부에서 설립했다. 아프리카에 대한 정보를 얻고자 하는 기업이나 학계 또는 개인에게 여러 가지 자료를 제공한다. 아프리카 국가에 대한 편견 없는 인식과 이해를 높여가고자 하는 목적이 있다. 아프리카의 최근 동향과 지역 정보를 수시로 전하고 있다.

원에이커펀드 www.oneacrefund.org

아프리카 농민들에게 필요한 지식과 물품을 세공하는 등 농민의 빈곤 문제 해결에 앞장서는 사회적 기업이다. 농가 한 곳이 1에이커를 경작할 수 있도록 농사 자금을 낮은 이자로 대출해 준다. 또한 물류창고를 지어 좋은 씨앗과 비료를 안정적으로 공급하며 농사 기술을 교육시킨다. 대부분의 국제구호단체들은 대도시에 자리 잡고 있지만 원에이커펀드는 케냐의 시골에 머물고 있다. 사이트에서 지속가능한 원조를 위해 후원을 할 수 있으며 수시로 뽑는 직원채용에 지원도 가능하다.

참고도서

《기아, 더 이상 두고 볼 수 없다》   로저 서로우, 스코트 킬맨

《세계의 절반 구하기》   윌리엄 이스털리

《빈곤의 종말》   제프리 삭스

《그 많던 쌀과 옥수수는 모두 어디로 갔는가》   월든 벨로

《죽은 원조》   담비사 모요

《아프리카를 말한다》   류광철

《백인의 눈으로 아프리카를 말하지 말라》   김명주 외

《그들이 말하지 않는 23가지》   장하준

《희망의 경작》   월드워치연구소 엮음

《왜 세계의 절반은 굶주리는가》   장 지글러

《세계화의 논쟁》   피터 하스 공저

《냉정한 이타주의자》   윌러엄 맥어스킬

찾아보기

내인생^의책은 한 권의 책을 만들 때마다
우리 아이들이 나중에 자라 이 책이 '내 인생의 책'이라고 말할 수 있는 책을 만들고자 합니다.

세상에 대하여 우리가 더 잘 알아야 할 교양

(49) 아프리카 원조 어떻게 해야 지속가능해질까?

위문숙 지음

초판 인쇄일 2017년 9월 1일 | 초판 발행일 2017년 9월 15일
펴낸이 조기룡 | 펴낸곳 내 인생의 책 | 등록번호 제10-2315호
주소 서울시 마포구 동교로12길 3 2층
전화 (02) 335-0449, 335-0445(편집) | 팩스 (02) 6499-1165

ISBN 979-11-5723-332-8 (44300)
      978-89-97980-77-2 (세트)

책값은 뒤표지에 있습니다. 잘못된 책은 구입처에서 바꾸어 드립니다.

이 도서의 국립중앙도서관 출판시도서목록(CIP)은 e-CIP 홈페이지(http://www.nl.go.kr/ecip)에서 이용하실 수 있습니다.
(CIP제어번호 : 2017019199)

내인생의책에서는 참신한 발상, 따뜻한 시선을 가진 원고를 기다리고 있습니다. 원고는 내인생의책
전자우편이나 홈카페를 이용해 보내 주세요. 여러분의 소중한 경험과 지식을 나누세요.

전자우편 bookinmylife@naver.com | **홈카페** http://cafe.naver.com/thebookinmylife

어린이제품안전특별법에 의한 제품 표시
제조자명 내 인생의 책 | **제조년월** 2017년 9월 | **제조국** 대한민국 | **사용연령** 5세 이상 어린이 제품
주소 및 연락처 서울시 마포구 동교로12길 3 2층 (02) 335-0449 | **담당 편집자** 박호진

세더잘 48
인플레이션 양적 완화가 우리를 살릴까?
홍준희 지음

인플레이션 10% Vs. 세금 10%
어느 쪽이 우리에게 더 유리할까요?

돈을 더 찍어서 시중에 푸는 정책과 세금을 더 거두어들이는 정책. 사람들은 당연히
첫 번째 정책을 선택합니다. 하지만 돈을 더 찍어내면 그만큼 물가가 올라 거둘 수 있
는 세금 역시 늘어나고 말지요. 그렇다면 세금을 더 거두는 징책이 좋은 정책일까요?
이 책은 양적 완화와 인플레이션을 중심으로 우리가 경제에 관해 알고 있던 상식을
다시 한 번 생각해 보게 합니다.

세더잘 47
저작권 카피라이트냐? 카피레프트냐?
김기태 지음

저작권은 반드시 법으로 보호해야 한다.
Vs. 일정한 요건을 갖춘 경우에는 저작권자의 허락이 없더라도
　　저작물을 이용할 수 있도록 해야 한다.

저작권의 역사와 종류, 저작권으로 보호받는 저작물은 어떤 것들인지, 저작권의 자유 이용을 허용하는 CCL,
어떻게 저작권을 이용해야 하는지 인터넷 세대인 아동청소년들이 꼭 알아야 할 저작권에 대한 모든 지식을
알려 줍니다.

세더잘 46
청소년 노동 정당하게 일할 권리 어떻게 찾을까?
홍준희 지음 | 하종강 감수

청소년 보호를 위해 청소년 노동을 제한해야 한다.
Vs. 청소년의 노동 권리를 인정하고 안전하게 일할 수 있는
　　노동 현장을 제공하는 데 노력해야 한다.

최근 100여 년간 인류의 식량 생산량은 꾸준히 늘어났지만 세계 곳곳에서 기아에 시달리는 사람은 여전히
넘쳐납니다. 이 책에서는 기아의 원인과 현실 그리고 기아 퇴치를 위한 갖가지 방법을 풍부한 사례와 함께
다루고 있습니다.

세더잘 45
플라스틱 오염 재활용이 해답일까?
제오프 나이트 지음 | 한진여 옮김 | 윤순진 감수

친환경 플라스틱과 재활용으로도 충분히 플라스틱 오염을 막을 수 있다.
Vs. 플라스틱 오염의 근본적 대책은 플라스틱 사용을 금지하는 것이다.

플라스틱 탄생의 역사에서부터 플라스틱 생성 원리, 플라스틱 오염을 막기 위한 현실적인 대안들에 이르기
까지 플라스틱을 둘러싼 역사적, 과학적, 사회적 주제들을 빠짐없이 다루고 있습니다.